MANUEL DU CYCLE 4

Techno logie

Sous la direction de
D. Lescar
P. Astier
H. Dibesse
Q. Le Gall
V. Legros
C. Ménard
C. Valentin

FOUCHER

Découvrez

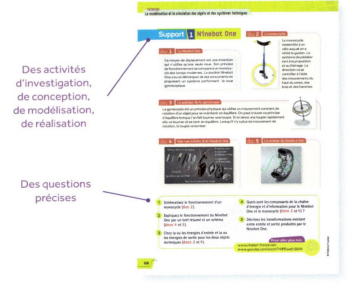
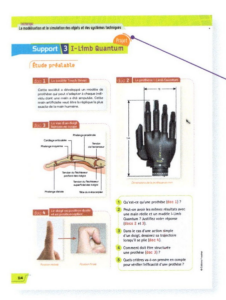

ISBN 978-2-216-13229-4

Toute reproduction ou représentation intégrale ou partielle, par quelque procédé que ce soit, des pages publiées dans le présent ouvrage, faite sans autorisation de l'éditeur ou du Centre français du Droit de copie (20, rue des Grands-Augustins, 75006 Paris), est illicite et constitue une contrefaçon. Seules sont autorisées, d'une part, les reproductions strictement réservées à l'usage privé du copiste et non destinées à une utilisation collective, et, d'autre part, les analyses et courtes citations justifiées par le caractère scientifique ou d'information de l'œuvre dans laquelle elles sont incorporées (loi du 1er juillet 1992 – art. 40 et 41 et Code pénal – art. 425).

© Foucher, une marque des Éditions Hatier – Paris 2016

votre manuel

Pour faire le point et structurer les connaissances et les compétences

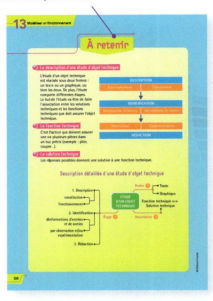

Les attentes de fin de cycle 4 du programme

Le quatrième support pour servir à une évaluation

Six enseignements pratiques interdisciplinaires pour les trois années du cycle 4

Le niveau du cycle

La thématique sur deux pages

Les disciplines concernées

Les activités proposées

« Le photocopillage, c'est l'usage abusif et collectif de la photocopie sans autorisation des auteurs et des éditeurs.
Largement répandu dans les établissements d'enseignement, le photocopillage menace l'avenir du livre, car il met en danger son équilibre économique. Il prive les auteurs d'une juste rémunération.
En dehors de l'usage privé du copiste, toute reproduction totale ou partielle de cet ouvrage est interdite ».

© Éditions Foucher

Tableau des concordances

Le design, l'innovation et la créativité					
Imaginer des solutions en réponse aux besoins, matérialiser une idée en intégrant une dimension design					
Identifier un besoin et énoncer un problème technique.					
Besoins, contraintes, normalisation	Chap. 1	Chap. 2	Chap. 3	Chap. 4	Chap. 5
Éléments du cahier des charges		Chap. 2	Chap. 3		
Imaginer, synthétiser et formaliser une procédure, un protocole					
Outils numériques		Chap. 2	Chap. 3	Chap. 4	
Charte graphique				Chap. 4	
Organisation projets, rôles, planification, revues de projet					
Organisation groupe projet		Chap. 2	Chap. 3	Chap. 4	Chap. 5
Imaginer des solutions pour produire des objets, des éléments de programmes informatiques					
Design				Chap. 4	
Innovation et créativité	Chap. 1	Chap. 2	Chap. 3		
Veille		Chap. 2	Chap. 3		
Représentation de solutions	Chap. 1			Chap. 4	
Réalité augmentée		Chap. 2			
Objets connectés					Chap. 5
Organiser, structurer, stocker des ressources numériques					
Arborescence		Chap. 2			Chap. 5
Présenter à l'oral au moment des revues de projet					
Outils numériques de présentation		Chap. 2	Chap. 3	Chap. 4	
Charte graphique				Chap. 4	
Réaliser de manière collaborative le prototype d'un objet communicant					
Réaliser le prototype					
Prototypages rapides		Chap. 2			Chap. 5
Les objets techniques, les services et les changements induits dans la société					
Comparer et commenter les évolutions des objets et des systèmes					
Regrouper des objets en familles et lignées					
Évolution des objets	Chap. 6	Chap. 7	Chap. 8	Chap. 9	
Impacts sociétaux et environnementaux	Chap. 6	Chap. 7	Chap. 8	Chap. 9	
Cycle de vie		Chap. 7	Chap. 8		
Règles d'un usage raisonné des objets communicants, respectant la propriété intellectuelle et l'intégrité d'autrui			Chap. 8	Chap. 9	
Relier les évolutions technologiques aux inventions et innovations marquant des ruptures dans les solutions techniques	Chap. 6	Chap. 7			
Comparer et commenter les évolutions des objets et des systèmes	Chap. 6	Chap. 7	Chap. 8		
Élaborer un document synthétisant ces comparaisons et commentaires					
Outils numériques	Chap. 6	Chap. 7	Chap. 8	Chap. 9	
Charte graphique		Chap. 7	Chap. 8	Chap. 9	
Exprimer sa pensée à l'aide d'outils de description adaptés					
Exprimer sa pensée à l'aide d'outils					
Croquis à main levée	Chap. 6	Chap. 7			
Différents schémas	Chap. 6	Chap. 7	Chap. 8		
Carte heuristique	Chap. 6		Chap. 8	Chap. 9	
Notion d'algorithme			Chap. 8		
Lire, utiliser et produire des choix de solutions					
Outils numériques de description des objets techniques				Chap. 9	

La modélisation et la simulation des objets et des systèmes techniques					
Analyser le fonctionnement et la structure d'un objet					
Respecter une procédure de travail					
Procédures, protocoles			Chap. 12		
Ergonomie			Chap. 12		
Associer des solutions techniques à des fonctions					
Analyse fonctionnelle systémique	Chap. 10		Chap. 12	Chap. 13	
Analyser le fonctionnement et la structure d'un objet, identifier les entrées et les sorties					
Représentation fonctionnelle	Chap. 10		Chap. 12	Chap. 13	
Structure des systèmes				Chap. 13	
Chaîne d'énergie	Chap. 10			Chap. 13	
Chaîne d'information	Chap. 10		Chap. 12	Chap. 13	
Identifier les matériaux, les flux d'énergie et d'information et décrire les transformations					
Familles de matériaux	Chap. 10	Chap. 11			Chap. 14
Sources d'énergie		Chap. 11			
Chaîne d'énergie	Chap. 10	Chap. 11		Chap. 13	
Chaîne d'information	Chap. 10	Chap. 11	Chap. 12	Chap. 13	
Décrire le fonctionnement, la structure et le comportement des objets					
Outils de description	Chap. 10		Chap. 12	Chap. 13	Chap. 14
Mesurer des grandeurs					
Instruments de mesure usuels					
Principe de fonctionnement d'un capteur, d'un codeur, d'un détecteur			Chap. 12		
Nature du signal			Chap. 12		
Nature d'une information			Chap. 12		
Interpréter des résultats expérimentaux					
Notion d'écart entre les attentes fixées par le cahier des charges et les résultats de l'expérimentation					Chap. 14
Utiliser une modélisation et simuler le comportement d'un objet					
Utiliser une modélisation pour comprendre					Chap. 14
Simuler numériquement la structure et le comportement d'un objet					Chap. 14
L'informatique et la programmation					
Comprendre le fonctionnement d'un réseau informatique					
Composants d'un réseau, architecture	Chap. 15				
Notion de protocole, protocoles en couches, algorithme de routage	Chap. 15				
Internet	Chap. 15				
Écrire, mettre au point et exécuter un programme					
Analyser le comportement et décomposer le problème afin de structurer			Chap. 17	Chap. 18	
Écrire, mettre au point et exécuter un programme commandant un système réel		Chap. 16	Chap. 17	Chap. 18	
Écrire un programme pour des actions déclenchées par l'extérieur		Chap. 16	Chap. 17	Chap. 18	
Algorithme et programme		Chap. 16	Chap. 17	Chap. 18	
Notion de variable informatique		Chap. 16	Chap. 17	Chap. 18	
Déclenchement d'une action, séquences d'instructions, boucles		Chap. 16	Chap. 17	Chap. 18	
Systèmes embarqués				Chap. 18	
Forme et transmission du signal			Chap. 17		
Capteur, actionneur, interface			Chap. 17	Chap. 18	

Sommaire

Début de cycle ›››
Milieu de cycle ›››
Fin de cycle ›››

Tableau des concordances 4

THÉMATIQUE
Le design, l'innovation et la créativité 8

››› **Chapitre 1** Imaginer un objet innovant 10
- S1 Link in City 12
- S2 Carton ondulé 13
- S3 Maison héliotrope ⓟ 14
- À retenir 16
- Évaluation : S4 Scarab 17

››› **Chapitre 2** Proposer et présenter ses idées 18
- S1 Réalité augmentée 20
- S2 Écoquartier 21
- S3 Minecraft ⓟ 22
- À retenir 24
- Évaluation : S4 Bungalow 25

››› **Chapitre 3** Proposer des solutions 26
- S1 Balight 28
- S2 Bike Washing Machine 29
- S3 Défi solaire ⓟ 30
- À retenir 32
- Évaluation : S4 Objets autonomes et homme connecté 33

››› **Chapitre 4** Mettre en œuvre des solutions techniques 34
- S1 Crabster 200 36
- S2 Skytran 37
- S3 Toyota Mirai ⓟ 38
- À retenir 40
- Évaluation : S4 Rolling Bridge 41

››› **Chapitre 5** Réaliser un objet technique 42
- S1 Solar Impulse 44
- S2 De l'électricité grâce à la mer ... 45
- S3 Lecteur sans contact ⓟ 46
- À retenir 48
- Évaluation : S4 Boîtiers CPL 49

THÉMATIQUE
Les objets techniques, les services et les changements induits dans la société 50

››› **Chapitre 6** Commenter l'évolution des transports 52
- S1 Automobile 54
- S2 Train 55
- S3 Avion ⓟ 56
- À retenir 58
- Évaluation : S4 Évolution du vélo ... 59

››› **Chapitre 7** Traiter et stocker les informations 60
- S1 Ordinateur 62
- S2 Stockage 64
- S3 Nuage ou cloud computing ⓟ ... 65
- À retenir 66
- Évaluation : S4 Évolution des écrans ... 67

››› **Chapitre 8** Communiquer 68
- S1 Téléphone portable 70
- S2 Internet 72
- S3 Site Internet ⓟ 73
- À retenir 74
- Évaluation : S4 Tablette 75

››› **Chapitre 9** Imiter le vivant 76
- S1 Asimo 78
- S2 Drones 80
- S3 Hector ⓟ 81
- À retenir 82
- Évaluation : S4 Nao, le petit robot ... 83

THÉMATIQUE
La modélisation et la simulation des objets et des systèmes techniques 84

››› **Chapitre 10** Découvrir le fonctionnement d'objets techniques 86
- S1 Pont Chaban-Delmas 88
- S2 SelfPower 89
- S3 The Ring ⓟ 90
- À retenir 92
- Évaluation : S4 Skateboard électrique ... 93

⯈⯈⯈ **Chapitre 11** Analyser un système **94**
- S1 Téléphone Youm de Samsung 96
- S2 Exosquelette Hal 97
- S3 Maison passive Ⓟ 98
- À retenir 100
- Évaluation : S4 Domespace 101

⯈⯈⯈ **Chapitre 12** Modéliser des données **102**
- S1 Babolat 104
- S2 THOMbox 105
- S3 Thermoslate Ⓟ 106
- À retenir 108
- Évaluation : S4 Smart Sensing 109

⯈⯈⯈ **Chapitre 13** Modéliser un fonctionnement **110**
- S1 Ninebot One 112
- S2 LG G Flex 2 113
- S3 I-Limb Quantum Ⓟ 114
- À retenir 116
- Évaluation : S4 Smartflower 117

⯈⯈⯈ **Chapitre 14** Simuler pour valider des idées .. **118**
- S1 Autodesk ForceEffect 120
- S2 Hydrogénérateur 121
- S3 Conception assistée par ordinateur Ⓟ 122
- À retenir 124
- Évaluation : S4 Structure d'une installation 125

📍 **THÉMATIQUE**

L'informatique et la programmation **126**

⯈⯈⯈ **Chapitre 15** Découvrir un réseau informatique **128**
- S1 Réseau 130
- S2 Internet 131
- S3 Tablette Ⓟ 132
- À retenir 134
- Évaluation : S4 Podcast 135

⯈⯈⯈ **Chapitre 16** Comprendre la programmation .. **136**
- S1 Scratch 138
- S2 Picaxe 139
- S3 Lignes de code Ⓟ 140
- À retenir 142
- Évaluation : S4 LegoMindstorm 143

⯈⯈⯈ **Chapitre 17** Préparer un programme **144**
- S1 Microcontrôleur 146
- S2 JavaScript 147
- S3 Basic Ⓟ 148
- À retenir 150
- Évaluation : S4 Serre d'horticulture 151

⯈⯈⯈ **Chapitre 18** Mettre en œuvre un programme **152**
- S1 MIT App Inventor 154
- S2 Langage Python 155
- S3 Raspberry Pi 2 Ⓟ 156
- À retenir 158
- Évaluation : S4 Création d'un jeu vidéo 159

Ⓔnseignements Pratiques Interdisciplinaires **160**
- Langues et cultures de l'Antiquité 162
- Transition écologique et développement durable 164
- Information, communication, citoyenneté 166
- Sciences, technologie et société 168
- Culture et création artistiques 170
- Corps, santé, bien-être 172

Fiches ressources **174**

Chronologie des découvertes techniques **185**

Glossaire **188**

Le design, l'innovation et la créativité

Dans cette thématique, je vais...

Imaginer un objet innovant	10
Proposer et présenter ses idées	18
Proposer des solutions	26
Mettre en œuvre des solutions techniques	34
Réaliser un objet technique	42

Exposition permanente « L'univers des particules » au Globe de la Science et de l'innovation, CERN (Conseil européen pour la Recherche nucléaire).

THÉMATIQUE
Le design, l'innovation et la créativité

1 Imaginer un objet innovant

Support 1 Link in City
Une voiture sans conducteur

Un conducteur au volant n'est jamais passif. Il surveille la route et les autres véhicules. Il anticipe, ralentit, freine ou change de vitesse, redémarre, lit les signalisations routières, actionne son clignotant pour avertir qu'il va tourner, obéit au Code de la route.

> *Un véhicule sans chauffeur est-il capable d'assumer toutes ces actions ?*

> **Connaître et être capable de…**
> - Identifier un besoin et énoncer un problème technique S1
> - Imaginer des solutions pour produire des objets en réponse au besoin
>   - Innovation et créativité S2
>   - Représentation de solutions S3
>
> Domaine 4 du socle commun

Support 2 Carton ondulé
Une nouvelle utilisation

Le carton présente de nombreux avantages : il est peu cher, léger, durable, robuste. Il se coupe, se plie, se colle. Il est fabriqué principalement à partir de matériaux recyclés et est lui-même recyclable.

> *Dans une société orientée vers le développement durable, comment utiliser au mieux le carton pour des applications au quotidien* **?**

Support 3 Maison héliotrope
Une maison autonome

 Projet

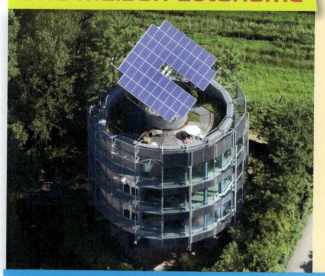

L'habitat est l'une des causes les plus importantes du réchauffement climatique. Selon les statistiques du ministère de l'Écologie, du Développement durable et de l'Énergie, le secteur résidentiel et tertiaire est responsable de plus de 19,1 % d'émissions de gaz à effet de serre. Par ailleurs, les économies d'énergie sont un enjeu économique et écologique majeur pour ce secteur. La construction des bâtiments doit désormais prendre en compte ces priorités.

> *Quelles solutions permettent de répondre à ces défis* **?**

THÉMATIQUE
Le design, l'innovation et la créativité

Support 1 — Link in City

doc 1 — La voiture Link in City de Akka Technologie

La Link in City est une voiture électrique et autonome qui se déplace grâce à des capteurs embarqués et à un logiciel de cartographie. Elle possède une connexion 4G et wifi afin de transmettre des données sur sa position sur une carte. En temps réel, elle informe les passagers de l'état du trafic et des points d'intérêt le long du trajet (restaurants, cinémas, sites touristiques…). Elle circule actuellement en circuits fermés à l'intérieur de la ville de Bordeaux. Des capteurs embarqués permettent de lire les lignes au sol et de réagir en cas d'obstacle.

doc 2 — Le fonctionnement du capteur à ultrasons

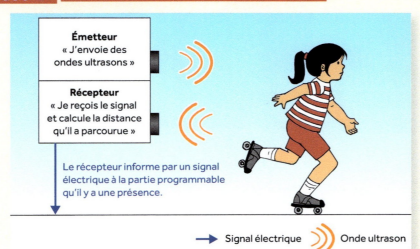

Le capteur de présence utilise les ultrasons. Un émetteur envoie des ondes à ultrasons (inaudibles pour l'être humain) qui rebondissent sur des obstacles. Le récepteur reçoit l'onde « rebondie » et calcule la distance parcourue par elle. Le récepteur se déclenche lorsqu'un objet est trop près, car la distance parcourue par l'onde est trop courte et envoie un signal électrique à un ordinateur qui traite les données.

1. Énoncez le besoin auquel répond la voiture Link in City (**doc 1**).
2. Quel peut être l'intérêt d'un tel véhicule dans une grande agglomération ?
3. Quels sont les types de capteurs utilisés pour détecter un obstacle (**doc 2**) ?
4. Parmi les capteurs d'obstacles susceptibles d'équiper un véhicule, lequel est le plus approprié pour détecter la présence d'une personne ? Argumentez votre réponse.
5. Quel capteur peut être utilisé pour lire les lignes blanches au sol ?

Pour aller plus loin
www.sudouest.fr/2015/07/10/voitures-autonomes-en-test

Support 2 Carton ondulé

Empilement de carton ondulé

doc 1 — La composition du carton ondulé

Le papier et le carton sont composés de fibres de cellulose de bois. Ces fibres sont recyclables et biodégradables. Le carton ondulé est composé de feuilles cannelées, ou cannelures, collées sur des feuilles planes qui lui donnent une résistance mécanique à la compression verticale (dans le sens des cannelures). Le carton sert ainsi à la construction de structures solides.

doc 2 — La géométrie du carton ondulé

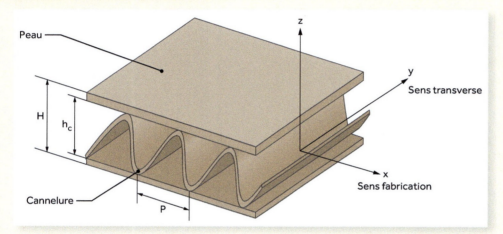

Le carton ondulé est caractérisé par :
– l'épaisseur du carton : **H** ;
– l'épaisseur des cannelures : **hc** ;
– le nombre de pas : **P**, qui correspond au nombre de cannelures ;
– le **sens fabrication**, qui offre peu de résistance à la compression ;
– le **sens transverse**, perpendiculaire au sens de fabrication, qui offre une meilleure résistance à la compression.

---

1 Pourquoi le carton est-il utilisé pour réaliser des structures solides comme un tabouret (**doc 1**) ?

2 Testez vos hypothèses.

3 Dans quel sens faudra-t-il orienter le carton afin qu'il soit le plus solide possible (**doc 2**) ?

4 Avec quatre bandes de carton de 20 × 10 cm, imaginez un assemblage afin de constituer un socle de 10 cm de hauteur pouvant supporter une charge de 3 kg au minimum.

5 Rédigez la gamme de fabrication correspondante.

Pour aller plus loin
www.meubles-carton-sur-mesure.com
hal.archives-ouvertes.fr

THÉMATIQUE
Le design, l'innovation et la créativité

Support 3 — Maison héliotrope (Projet)

Étude préalable

doc 1 — L'héliotrope de Rolph Dish

L'héliotrope est un habitat préfabriqué capable de produire jusqu'à 5 fois l'énergie qu'il consomme, à l'aide de panneaux solaires de 54 m² qui génèrent près de 6,6 kWh. Ceux-ci sont placés sur le toit et collectent en permanence de l'énergie. En effet, la maison tourne sur elle-même à 180° afin de suivre la course du soleil toute la journée, avec une rotation moyenne de 15° par heure. Les panneaux sont fixés sur une tige qui bouge sur deux axes, vertical et horizontal, grâce à un moteur, afin de suivre le soleil avec précision.

doc 2 — Une autre solution : l'hydrolienne à usage domestique

Une hydrolienne à usage domestique permet d'alimenter en électricité une maison située près d'un cours d'eau.
Cette invention permet une alimentation jour et nuit en électricité à partir de l'écoulement naturel d'une rivière. La petite machine portable en aluminium peut produire jusqu'à 5 000 kWh par an (à 2,5 m/s). La puissance de sortie est de 100 à 500 watts.

doc 3 — Éolie500 : l'éolienne domestique

Éolie500 est une éolienne domestique qui produit de l'électricité grâce à l'énergie du vent. Elle est personnalisable (couleur) et très silencieuse.
Son design innovant permet d'optimiser ses performances, avec sa forme verticale et ses pales hélicoïdales adaptées pour capter les vents à faible hauteur. Cette éolienne s'installe dans le jardin d'une maison.

Application

doc 4 — La course apparente du soleil

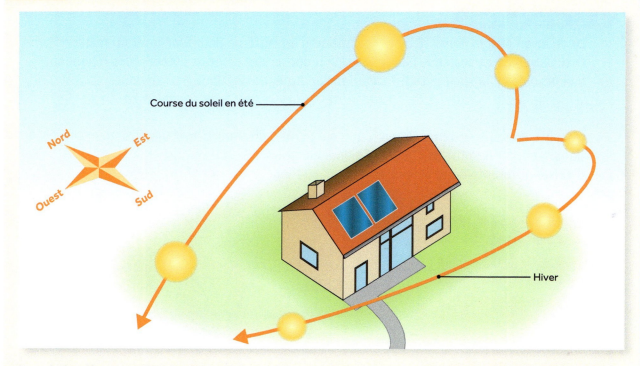

Le soleil se lève vers l'est le matin, pointe au zénith vers 13 heures et se couche le soir vers l'ouest. Le soleil se déplace ainsi visuellement tout au long de la journée.
En s'orientant vers le sud du point de vue de la maison, l'angle formé par la position du soleil par rapport à l'horizon est de 0° au lever du soleil.
Cet angle atteint environ 51° au moment où il est le plus haut (zénith) dans le ciel, avant de revenir à 0° quand le soleil se couche. Cette course apparente est différente en été et en hiver.

1. Citez les énergies renouvelables qui peuvent être utilisées pour alimenter une maison en électricité (**docs 1**, **2** et **3**).

2. Comment orienter au mieux un panneau solaire pour optimiser la production d'électricité en hiver et en été (**docs 1** et **4**) ?

3. Quel critère permet d'améliorer les performances d'une éolienne (**doc 3**) ?

4. Quel est l'avantage de l'hydrolienne par rapport à un panneau solaire et à une éolienne (**doc 2**) ?

5. Proposez, sous forme de croquis, le projet d'une maison entièrement autonome en énergie, qui utilise les différentes énergies renouvelables pour s'alimenter en électricité.

6. Présentez oralement votre projet devant la classe en justifiant vos choix.

Pour aller plus loin

www.solaire-led.fr/calculer-l-orientation-de-votre-panneau-solaire.php
http://energie-developpement.blogspot.fr/2012/03/solaire-pv-orientation-inclinaison.html

1 Imaginer un objet innovant

À retenir

🔴 La création design

La création design consiste en la réalisation d'un système pour améliorer ou faciliter l'utilisation de ce système. Elle permet de proposer des solutions techniques répondant aux besoins de la société tout en gardant un aspect esthétique et artistique.

🔴 Le capteur

Le capteur est un système électronique qui permet de transformer une grandeur physique (la luminosité, un obstacle...) en un signal électrique.
Il existe différents types de capteurs.

🔴 L'énergie renouvelable

L'énergie renouvelable est une énergie qui ne s'épuise pas à l'échelle humaine. Exemples : l'énergie solaire utilisée par des panneaux photovoltaïques, l'énergie du vent par des éoliennes, l'énergie de l'eau par des hydroliennes.

🔴 L'habitation autonome

L'habitation autonome est une maison qui produit elle-même l'énergie dont elle a besoin. Elle est complètement indépendante en énergie.

Différentes sources d'énergies renouvelables pour produire de l'électricité

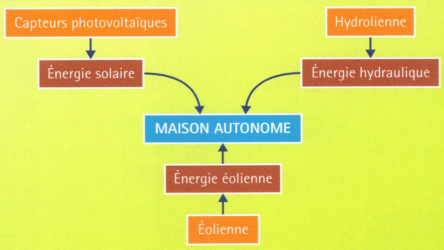

Évaluation

Imaginer un objet innovant 1

📍 Attendus de fin de cycle
- Imaginer des réponses, matérialiser des idées

Support 4 Scarab

doc 1 — Présentation du robot Scarab

En forme de scarabée, Scarab est un robot ramasseur de déchets dans les rues piétonnes (papiers d'emballage, mégots, mouchoirs…). Cette invention est due au designer Olga Kalugina. Ce robot parcourt le sol des zones piétonnes, et est commandé à distance. Il est équipé de deux caméras pour repérer les déchets, et de capteurs d'obstacles. Des petites brosses permettent la récupération des déchets qui sont placés ensuite dans un petit conteneur.

doc 2 — Le fonctionnement du robot Scarab

Ce robot se déplace à l'aide de deux roues avant indépendantes possédant leur propre mécanisme. Des brosses latérales sont placées sur les roues arrière pour nettoyer les bords des trottoirs ou des murs **(image 1)**. Les déchets sont ensuite aspirés et déposés dans un bac à l'intérieur du robot. Une caméra permet d'identifier les déchets de plus grande taille qui sont récupérés grâce à deux bras articulés placés à l'avant du robot nettoyeur et déposés dans le bac **(image 2)**.
Une fois le bac rempli de déchets, il peut être retiré manuellement **(image 3)** ou automatiquement **(image 4)** pour le vider dans une poubelle à ordures. Le robot se recharge automatiquement grâce à une prise électrique prévue à cet effet **(image 5)**.

1. Énoncez le besoin auquel répond le concept du robot Scarab.
2. En quoi ce concept est-il considéré comme une création design ?
3. Citez les différentes solutions proposées par le robot pour récupérer les déchets de petite et de grande taille.
4. Quels sont les différents types de capteurs qui peuvent être installés sur un robot ramasseur d'objets dans un lieu public ?
5. Quelle est la solution qui a été choisie pour le robot Scarab ?
6. Comment le robot Scarab est-il alimenté ?
7. Quelle solution technique peut-on envisager pour que ce robot devienne autonome en énergie ?

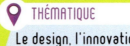
THÉMATIQUE
Le design, l'innovation et la créativité

2 Proposer et présenter ses idées

Support 1 Réalité augmentée

Un objet en réalité augmentée avec un smartphone

La réalité augmentée insère des éléments virtuels sur des images du monde réel grâce à l'appareil photo d'un téléphone portable ou à des lunettes vidéo spéciales. Elle est dite « augmentée » en ce sens qu'elle *augmente* et enrichit notre environnement physique d'informations virtuelles non perceptibles à l'œil nu, que ce soit sous forme d'images, de textes ou de vidéos.

> Comment créer de la réalité augmentée

Connaître et être capable de...
- Identifier un besoin et énoncer un problème technique S2
- Participer à l'organisation de projets (rôles, planification) S3
- Imaginer des solutions pour produire des objets S1
- Organiser, structurer et stocker des ressources numériques S3
- Imaginer, synthétiser et formaliser une procédure, un protocole S3
- Présenter à l'oral des solutions techniques S3
- Réaliser, de manière collaborative, le prototype d'un objet S1

Domaine 4 du socle commun

Support 2 Écoquartier
Un projet d'écoquartier

Une municipalité propose aux collèges de la ville un challenge : la transformation urbaine de la « caserne de l'ouest », désormais désaffectée. Le respect strict du cahier des charges et des nouvelles normes écologiques est exigé.

Ville de Rennes, espace de la caserne Foch

> **Comment concevoir un écoquartier**

Support 3 Minecraft
Une construction avec Minecraft

Projet

Minecraft est un jeu de construction dynamique type « bac à sable », dans lequel le joueur place des blocs de différents matériaux pour réaliser l'espace ou le bâtiment qu'il imagine. Il s'y promène librement et peut vivre des aventures. Minecraft peut être utilisé sous différents modes de jeu : créatif, survie, hardcore, aventure et spectateur.

Ville moderne créée avec Minecraft

> **Comment concevoir un projet avec Minecraft**

THÉMATIQUE
Le design, l'innovation et la créativité

Support 1 — Réalité augmentée

doc 1 — La proposition de la société Geek's Inside

La société Geek's Inside va participer à un salon de jeux vidéo. Elle a transmis aux élèves du cycle 4 les plans d'une clé USB ainsi que le cahier des charges pour la réalisation d'une **coque de clé USB en réalité augmentée**.

doc 2 — Le cahier des charges de la coque de clé USB

– Capacité de 4 Go.
– Dimensions maximales de la coque : longueur = 8 cm, largeur = 5 cm, épaisseur = 3 cm.
– Capuchon de protection séparé et amovible.
– Thème de la coque de protection : les nouvelles technologies.

doc 3 — Le modèle 3D de la clé USB transmise par Geek's Inside

doc 4 — L'outil ARPlugin à intégrer dans SketchupMake

doc 5 — La création de la réalité augmentée

 +

Marker AR-media   *Exemple de coque conçue sous SketchupMake*   *Résultat en réalité augmentée via une webcam*

1. Recherchez, à l'aide d'Internet, des idées de coques promotionnelles existantes.
2. Esquissez vos idées de coque en respectant le cahier des charges (**doc 2**).
3. Indiquez les dimensions des éléments à réaliser (**doc 2**).
4. Réalisez votre coque en la modélisant sous SketchupMake.
5. Visualisez votre coque en réalité augmentée :
   – affichez la barre d'outil « ARPlugin FREE » (**docs 4** et **5**) ;
   – imprimez le marker « AR-Media » ;
   – cliquez sur « View ».
   Votre projet de coque USB apparaît en réalité augmentée.

Support 2 — Écoquartier

doc 1 — L'écoquartier

Un **écoquartier** est un quartier urbain à caractéristiques écologiques. Son objectif est la maîtrise des ressources indispensables aux habitations, aux bureaux et aux locaux commerciaux. Il assure la gestion des déchets en favorisant leur recyclage.
Selon le ministère de l'Écologie, du Développement durable et de l'Énergie, tous ces projets écoquartiers font la **promotion de nouveaux modes de vie**, d'un développement territorial équitable et raisonné. […] Ces quartiers témoignent qu'un urbanisme au service de projets intégrés, durables, conduit à un mieux-être social, à des modes de vie plus doux ou encore à une nature protégée et reconsidérée. […]

S'ils changent le mode de vie, ces écoquartiers répondent aussi à des enjeux plus larges :
– la **transition écologique en milieu urbain** : les écoquartiers s'articulent autour des notions de densité, de nature en ville, d'anticipation et d'adaptation au changement climatique, et visent à les mettre en œuvre harmonieusement ;
– l'**égalité des territoires** : un des objectifs des écoquartiers est de réduire les difficultés de chacun pour vivre, se loger, travailler, se divertir, rester en bonne santé, en promouvant des projets de mixité sociale et fonctionnelle, tout en valorisant les atouts des territoires et les savoir-faire locaux […].

doc 2 — La société, l'environnement et l'économie

Le schéma ci-dessous représente l'imbrication des trois piliers du développement durable sur lesquels s'appuient les écoquartiers.

doc 3 — Un écoquartier à Lannion

Des locataires occupent ces maisons bardées de bois, labellisées « bâtiments basse consommation » (BBC). Sur le toit, des panneaux solaires permettent de chauffer l'eau pour l'usage courant. L'électricité produite par une centrale photovoltaïque, vendue à ErDF, viendra en déduction des charges de l'écoquartier.

D'après *Le Télégramme*

---

1. À quels besoins répond un écoquartier (**doc 2**) ?
2. Pourquoi les villes réalisent-elles des écoquartiers (**doc 1**) ?
3. Quels sont les points positifs des écoquartiers pour la ville (**docs 1** et **2**) ?
4. Quels sont les points positifs des écoquartiers pour les habitants (**docs 1**, **2** et **3**) ?
5. Connaissez-vous des écoquartiers ? Imaginez votre écoquartier (**doc 3**).

THÉMATIQUE
Le design, l'innovation et la créativité

Support 3 Minecraft — Projet

Étude préalable

doc 1 Une vue aérienne de la zone à réhabiliter

doc 2 Le plan d'implantation de la zone

Terrain militaire en friche. À bâtir.
60 000 blocs²

Club sportif Garnison Rennes. À garder tel quel.
14 000 blocs²

Caserne Foch. À garder intacte mais à réhabiliter.
40 000 blocs²

✖ Plan et zones classées à conserver

Application

doc 3 — Le cahier des charges

– Capacité de logement : 1 500 personnes.
– Logements pour tous, mixité sociale (20 % minimum).
– Fonctions à remplir : travailler, dormir, jouer, acheter, se promener, se soigner.
– Intégration des transports, des zones de loisirs, des espaces verts et des voies de circulation.
– Conservation des bâtiments « classés » : les casernes.
– Respect des normes BBC pour les bâtiments.
– Intégration de solutions d'économie et/ou de création d'énergie.

doc 4 — La palette de matériaux et d'objets de Minecraft

Elle compte plus de 300 matériaux. Les objets ou les actions sont repérés et codifiés : eau, terre, herbe, plantes, arbres… Un large éventail de roches et de matériaux peut être utilisé pour réaliser des constructions. La palette contient des mécanismes tels que des pistons, des rails actionnés, des leviers, des portes, des escaliers… Cela permet de rendre les réalisations plus « vivantes ».

Quelques matériaux, objets et actions dans Minecraft

doc 5 — L'impression en 3D d'un bâtiment

Imaginez un écoquartier sur la zone à réhabiliter à partir du cahier des charges donné (**docs 1**, **2** et **3**)

1. Création des groupes et répartition des rôles dans chaque groupe, avec : l'ingénieur méthode, le métreur, le géotechnicien, le chargé de communication, le technicien du bureau d'études, l'ingénieur énergie renouvelable.

2. Recherches individuelles en fonction des missions attribuées aux différents métiers.

3. Chaque groupe présente à la classe une solution d'implantation à partir des recherches et des solutions (**doc 2**).

4. À la suite des observations faites lors de la présentation, améliorez, si nécessaire, votre projet.

5. Construisez votre écoquartier sous Minecraft (**doc 4**).

6. Choisissez un des bâtiments prévus dans votre projet et réalisez-le avec l'imprimante 3D.
L'impression 3D permet de matérialiser la construction réalisée. Elle permet également de mieux positionner les bâtiments dans l'espace à réhabiliter (**doc 5**).

2 Proposer et présenter ses idées

À retenir

● L'identification d'un besoin

Les objets techniques sont des objets conçus par l'homme pour répondre à des besoins. Lorsqu'un besoin n'est pas satisfait ou que l'objet technique existant ne répond pas efficacement à ce besoin, un problème technologique surgit. L'une des solutions pour y répondre est la **démarche de projet**.

● Les fonctions techniques

Pour répondre totalement au besoin de l'utilisateur, les concepteurs doivent lister toutes les fonctions que devra assurer un objet technique.

- Permettre à la clé de se connecter sur une prise USB type « A »
- S'adapter à la carte mémoire fournie de 4 Go
- Être esthétique et que la marque soit identifiable
- Permettre à l'utilisateur de manipuler la clé USB aisément (ergonomie)
- Protéger la clé USB des agressions extérieures

COQUE USB

● Les solutions techniques

Pour chaque fonction technique, il faut trouver une solution technique adaptée et qui respecte le cahier des charges.
Quel que soit le domaine (architecture, mécanique, électronique, etc.), l'utilisation de logiciels de CAO apporte une visualisation réaliste de l'objet et la modification rapide de la solution trouvée. Aujourd'hui, la réalité virtuelle et l'impression 3D permettent de valider les solutions dans le réel et offrent une présentation réaliste à l'utilisateur.

Méthodologie pour résoudre un besoin

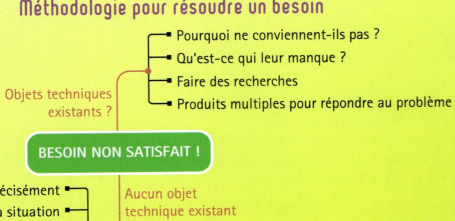

- Objets techniques existants ?
  - Pourquoi ne conviennent-ils pas ?
  - Qu'est-ce qui leur manque ?
  - Faire des recherches
  - Produits multiples pour répondre au problème
- **BESOIN NON SATISFAIT !**
- Aucun objet technique existant

1. Identifier le besoin précisément
2. Analyser la situation
3. Choisir une stratégie
4. Monter et planifier
5. Mettre en œuvre le projet
6. Bilan

Évaluation

Proposer et présenter ses idées — 2

🔘 **Attendus de fin de cycle**
- Imaginer des solutions en réponse aux besoins, matérialiser des idées en intégrant une dimension design
- Réaliser, de manière collaborative, le prototype d'un objet communicant

Support 4 Bungalow

doc 1 — Le projet

La mairie de la ville de Lacanau projette la construction de bungalows en bord de mer et souhaite recevoir des propositions.

doc 2 — Le cahier des charges

Les dimensions extérieures du bungalow sont de 5,20 m de longueur et 3,80 m de largeur.

Le bungalow doit être composé :
– d'une pièce à vivre ;
– d'une porte et d'une fenêtre ;
– d'une salle d'eau (douche, wc, lavabo) ;
– d'une cloison intérieure pour la salle d'eau ;
– d'un couchage double et d'un couchage simple.

L'espace devra être meublé pour pouvoir profiter immédiatement du logement.

Enfin, un aménagement extérieur de 1,80 m sur toute la largeur du bungalow est à réaliser. Il doit permettre de déjeuner et dîner à l'extérieur.

doc 3 — La procédure de l'impression 3D

a. Sous SketchupMake : exportez votre fichier au format compatible avec votre imprimante 3D, puis lancez l'impression ;

b. Sous Minecraft : utilisez un ajout au serveur nommé « Printcraft », puis exportez au format compatible avec votre imprimante 3D pour ensuite lancer l'impression.

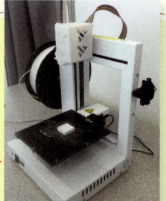

1 Concevez ce bungalow de vacances. Pour cette tâche, faites :
– une modélisation en 3D du bâtiment (intérieur et extérieur) ;
– la liste des fonctions techniques satisfaites ;
– la liste des matériaux choisis (**docs 1** et **2**).

La présentation de cette conception se fera sous forme d'un court diaporama. Tous vos choix seront justifiés.

2 Réalisez ce bungalow : imprimez le bâtiment construit en 3D, en suivant la procédure donnée dans le **doc 3**.

THÉMATIQUE
Le design, l'innovation et la créativité

3 Proposer des solutions

Support 1 Balight
Une application liée à la mémoire sensorielle

La persistance rétinienne a été observée pour la première fois par Léonard de Vinci. L'expression correcte utilisée actuellement est « mémoire sensorielle ». C'est la mémoire qui conserve pendant un court laps de temps l'information sensorielle que constituent en particulier les images. Elle permet le stockage sélectif dans la mémoire à court terme.

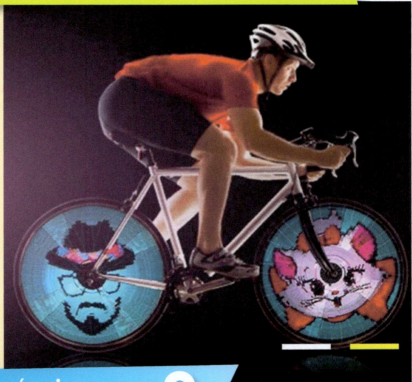

> *Comment utiliser la mémoire sensorielle pour afficher un message* **?**

Connaître et être capable de...

- Identifier un besoin et énoncer un problème technique (besoins, cahier des charges) S3
- Participer à l'organisation de projets : rôles et planification S3
- Imaginer des solutions (innovation, créativité, veille) S1 S2
- Organiser, structurer et stocker des ressources numériques S1 S3
- Présenter à l'oral des solutions techniques S3
- Réaliser de manière collaborative le prototype d'un objet communicant S3

Domaine 4 du socle commun

Support 2 — Bike Washing Machine
Un récupérateur d'énergie original

L'un des grands défis d'aujourd'hui est de concevoir des objets qui gèrent au mieux l'énergie qu'ils consomment, voire qui en créent. L'une des solutions est de transformer les objets existants afin de récupérer l'énergie créée par l'homme dans ses activités.

> Comment innover et créer des objets techniques récupérateurs d'énergie ?

Support 3 — Honda – Défi solaire
Un véhicule utilisant l'énergie solaire

Projet

Face au réchauffement climatique et au besoin de s'émanciper des énergies fossiles, l'industrie automobile cherche des solutions alternatives utilisant des énergies renouvelables. L'une des pistes sérieuses actuellement étudiées est l'utilisation, dans plusieurs véhicules, de l'énergie solaire comme source principale de carburant.

Un véhicule solaire Honda

> Comment concevoir un véhicule solaire ?

THÉMATIQUE
Le design, l'innovation et la créativité

Support 1 — Balight

doc 2 — Le produit Balight

Le système Balight s'installe sur les rayons de n'importe quel vélo et permet, grâce à un ingénieux jeu de 376 leds, d'afficher n'importe quel dessin par rotation de la roue.

doc 1 — Les roues à mémoire sensorielle d'un vélo

Rouler à vélo de nuit peut être dangereux. Pour être en sécurité, deux conditions s'imposent : voir correctement et être vu correctement. Une solution originale est proposée par la société Balight : animer les roues du vélo en s'appuyant sur la mémoire sensorielle. L'utilisateur peut changer l'animation *via* l'application dédiée sur son Smartphone.

doc 3 — L'application

Une application dédiée permet, *via* un smartphone, de modifier le dessin qui apparaît lorsque la roue est en mouvement, mais également de suivre les performances du cycliste.

doc 4 — Une horloge utilisant le même principe

Grâce à son balancier équipé de 8 leds, cette horloge affiche en blanc, et au choix, l'heure, la date ou l'un des messages préenregistrés qui, à l'aide d'une programmation très simple, peuvent apparaître au moment voulu, comme s'ils flottaient dans l'air.

---

1. Expliquez le principe de la mémoire sensorielle et son utilisation dans les deux systèmes exposés dans les **docs 2** et **4**.

2. Quels sont les objets techniques et les applications pouvant utiliser la mémoire sensorielle ?

3. Imaginez de nouvelles applications possibles.

Pour aller plus loin
www.balight.com
http://video.balight.com/Balight_Display_Demo.mp4

Support 2 — Bike Washing Machine

doc 1 — La Bike Washing Machine

Le designer Li Huan a imaginé ce lave-linge qui fonctionne uniquement si vous pédalez. La Bike Washing Machine se compose d'un vélo d'appartement classique qui contient, à la place de la roue avant, un tambour de lave-linge. En pédalant, le cycliste recharge des batteries qui seront ensuite utilisées pour faire fonctionner la machine à laver intégrée.

doc 2 — Le principe de fonctionnement de l'appareil

doc 3 — La récupération d'énergie sur une voiture hybride

Citroën DS5 Hybrid4

Une voiture hybride est un véhicule à moteur thermique disposant d'un système de stockage d'énergie tampon. Celui-ci permet de récupérer une partie de l'énergie cinétique lors des décélérations. Cette énergie « gratuite » est stockée grâce au système de récupération d'énergie au freinage et elle est ensuite utilisée pour recharger la batterie et assurer les redémarrages.

doc 4 — Un ballon de football récupérateur d'énergie et équipé d'une lampe led

Grâce à un travail commun, Uncharted Play et Power the World ont imaginé un ballon de football qui récupère l'énergie cinétique déployée lorsque l'on tape sur le ballon et la transforme en électricité. Après avoir joué, il est possible d'extraire une lampe led pour éclairer une petite pièce.

---

1. Grâce à quelle énergie le lave-linge fonctionne-t-il (**docs 1** et **2**) ?
2. Que fait-on de l'énergie récupérée au freinage (**doc 3**) ?
3. Quelle est la modification qui a été apportée au ballon de football ? Expliquez son principe de fonctionnement (**doc 4**).
4. Faites des recherches sur les systèmes à récupération d'énergie.
5. Inventez un système innovant utilisant ce principe technique et présentez votre proposition sous forme d'un dossier avec des croquis et des explications sur son fonctionnement.

Pour aller plus loin

www.journaldunet.com/economie/energie/recuperation-d-energie

THÉMATIQUE
Le design, l'innovation et la créativité

Support 3 Défi solaire — Projet

Étude préalable

doc 1 — Le concours « défi solaire »

Un concours « défi solaire » est organisé dans votre établissement. L'objectif est de concevoir un véhicule solaire capable de parcourir le plus rapidement possible une distance de 5 mètres. Le véhicule doit tenir dans un cercle de 30 cm de diamètre et fonctionner de manière autonome. Le jour du concours, l'évaluation est faite sur le projet et sur la présentation du travail de votre groupe.

doc 2 — Une course d'automobiles solaires

Présenté comme le plus grand défi de l'énergie solaire dans le monde, The Bridgestone World Solar Challenge est une course de voitures fonctionnant uniquement à l'énergie solaire.
Elle est organisée chaque année sur les routes d'Australie et dure trois jours.

doc 3 — Les voitures sur la ligne de départ de la course

doc 4 — Le cahier des charges du concours « défi solaire »

Fonction principale	
Description	Critères d'appréciation
FP1 : permettre à l'équipe de remporter le défi solaire.	Rouler sur une distance de 5 mètres le plus rapidement possible. Alimenter le véhicule grâce à la seule énergie solaire.
Fonctions contraintes	
FC 1 : le véhicule doit plaire au jury.	Esthétique et couleurs.
FC 2 : le véhicule doit être facile à utiliser.	Mise sous tension facile. Autonomie. Accès facile à tous les composants.
FC 3 : le véhicule doit respecter le budget.	Coût matière inférieur ou égal à 100 € TTC.
FC 4 : résister au milieu environnant.	Petit choc (chute d'un mètre). Soleil. Humidité. Température (de 0° à 30 °C).
FC 6 : le véhicule doit pouvoir stocker l'énergie électrique fournie par les panneaux solaires.	Temps de charge et % de charge : 30 % en 30 minutes minimum.
FC7 : le véhicule doit pouvoir être entièrement fabriqué au collège.	Matériel et machine : uniquement ceux du collège.
FC8 : le véhicule doit être recyclable.	Recyclable ou réutilisation à 70 % minimum.

Proposer des solutions 3

Application

doc 5 — La fiche technique du PlanetSolar

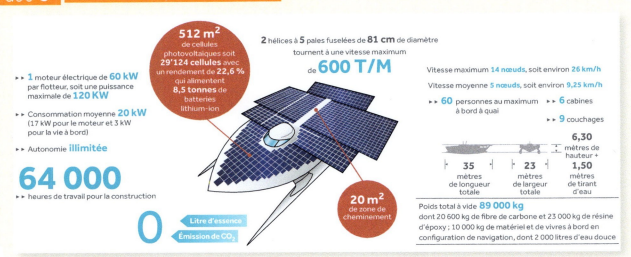

- 1 moteur électrique de **60 kW** par flotteur, soit une puissance maximale de **120 KW**
- Consommation moyenne **20 kW** (17 kW pour le moteur et 3 kW pour la vie à bord)
- Autonomie **illimitée**
- **64 000** heures de travail pour la construction
- **0** Litre d'essence / Émission de CO_2

512 m² de cellules photovoltaïques soit **29'124 cellules** avec un rendement de **22,6 %** qui alimentent **8,5 tonnes** de batteries lithium-ion

20 m² de zone de cheminement

2 hélices à **5** pales fuselées de **81 cm** de diamètre tournent à une vitesse maximum de **600 T/M**

Vitesse maximum **14 nœuds**, soit environ **26 km/h**
Vitesse moyenne **5 nœuds**, soit environ **9,25 km/h**
60 personnes au maximum à bord à quai — **6** cabines — **9** couchages

35 mètres de longueur totale — **23** mètres de largeur totale — **6,30** mètres de hauteur + **1,50** mètres de tirant d'eau

Poids total à vide **89 000 kg** dont 20 600 kg de fibre de carbone et 23 000 kg de résine d'époxy ; 10 000 kg de matériel et de vivres à bord en configuration de navigation, dont 2 000 litres d'eau douce

doc 6 — Le catamaran PlanetSolar

PlanetSolar est le nom d'un projet de premier tour du monde en catamaran alimenté par énergie solaire. C'est le plus grand bateau solaire du monde depuis 2010.
Raphaël Domjan et ses cofondateurs voulaient démontrer que nous disposons aujourd'hui des technologies et des énergies renouvelables pour une véritable transition sociale et écologique.
Le bateau peut aussi naviguer jour et nuit grâce aux batteries placées dans les coques.

1. Pour chacun des deux véhicules présentés (**docs 3** et **5**), décrivez schématiquement la solution utilisée pour fonctionner avec l'énergie électrique.

2. Comment le bateau PlanetSolar peut-il naviguer de nuit (**doc 6**) ? À l'aide d'un schéma, décrivez son fonctionnement sur une journée de 24 heures.

3. Recherchez des petits modèles de véhicules solaires existants.

4. À partir de vos recherches, schématisez le « véhicule solaire type » sous forme de blocs fonctionnels.

5. Pour chaque bloc, identifiez les contraintes et recherchez la solution la plus adaptée (**doc 4**).

6. Organisez votre travail (diagramme de Gantt).

Nom des tâches	janv. 17	févr. 17	mars 17	avr. 17	mai 17	juin 17
Préparation						
Recherche						
Conception						
Développement						
Fabrication						

7. Fabriquez votre prototype.

8. Présentez vos recherches et votre travail dans un diaporama.

3 Proposer des solutions

À retenir

La conception en équipe

Dans un bureau d'études, le rôle des concepteurs est de trouver des solutions techniques en équipe pour aboutir à un produit fini. L'équipe doit se répartir les rôles et étudier le cahier des charges défini en amont.

La définition des blocs fonctionnels

Pour concevoir un objet technique, la première étape consiste à le décomposer en fonctions techniques afin de partager au mieux le travail et d'identifier le maximum de solutions possibles, ainsi que les contraintes qui leur sont liées. L'outil utilisé est appelé « diagramme Fast ».

La recherche des solutions techniques

Ensuite, l'équipe chargée de trouver des solutions techniques se partage les fonctions identifiées. Il est indispensable d'évaluer chaque solution avec des tests comparatifs en définissant des critères précis. La solution technique retenue est l'aboutissement d'un compromis entre les différentes contraintes techniques et économiques.

La planification du projet

Dans le cadre de la réalisation d'un projet collectif, il faut organiser et planifier les différentes opérations de fabrication et d'assemblage. Le diagramme de Gantt permet de visualiser les étapes et les interactions entre ces opérations.
La revue de projet permet un bilan complet où l'on présente l'avancement des recherches.

Diagramme Fast

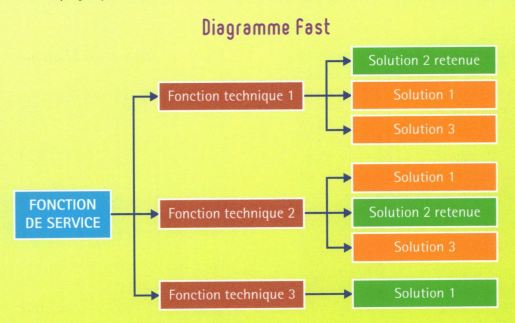

Évaluation

Proposer des solutions 3

📍 Attendus de fin de cycle
- Réaliser, de manière collaborative, le prototype d'un objet pour valider une solution

Support 4 — Objets autonomes et homme connecté

doc 1 — L'homme connecté et les objets autonomes

L'homme connecté est déjà une réalité. Les objets connectés le sont par l'IoT (Internet of Tools), l'Internet des objets. L'IoT demande des réseaux de communication mais également de l'énergie pour permettre aux objets d'être énergétiquement autonomes.

doc 2 — Des semelles récupérant l'énergie générée lors de la marche

doc 3 — L'homme connecté

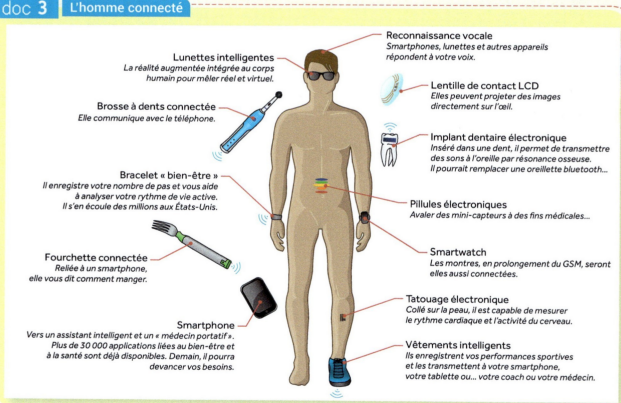

- **Lunettes intelligentes** — La réalité augmentée intégrée au corps humain pour mêler réel et virtuel.
- **Brosse à dents connectée** — Elle communique avec le téléphone.
- **Bracelet « bien-être »** — Il enregistre votre nombre de pas et vous aide à analyser votre rythme de vie active. Il s'en écoule des millions aux États-Unis.
- **Fourchette connectée** — Reliée à un smartphone, elle vous dit comment manger.
- **Smartphone** — Vers un assistant intelligent et un « médecin portatif ». Plus de 30 000 applications liées au bien-être et à la santé sont déjà disponibles. Demain, il pourra devancer vos besoins.
- **Reconnaissance vocale** — Smartphones, lunettes et autres appareils répondent à votre voix.
- **Lentille de contact LCD** — Elles peuvent projeter des images directement sur l'œil.
- **Implant dentaire électronique** — Inséré dans une dent, il permet de transmettre des sons à l'oreille par résonance osseuse. Il pourrait remplacer une oreillette bluetooth…
- **Pillules électroniques** — Avaler des mini-capteurs à des fins médicales…
- **Smartwatch** — Les montres, en prolongement du GSM, seront elles aussi connectées.
- **Tatouage électronique** — Collé sur la peau, il est capable de mesurer le rythme cardiaque et l'activité du cerveau.
- **Vêtements intelligents** — Ils enregistrent vos performances sportives et les transmettent à votre smartphone, votre tablette ou… votre coach ou votre médecin.

1. Imaginez un nouvel objet connecté générant de l'énergie (**docs** 2 et 3).
2. Organisez votre groupe afin de concevoir cet objet connecté (rôles et planification).
3. Réalisez le croquis de votre projet (décomposez-le sous forme de blocs).

THÉMATIQUE
Le design, l'innovation et la créativité

4/ Mettre en œuvre des solutions techniques

Support 1 Crabster 200
Un robot explorateur des mers

L'usage de drones ou de robots a permis de faire de grandes avancées technologiques. Ces différents robots peuvent effectuer des tâches répétitives et précises. Leur utilisation dans la recherche spatiale est importante, mais elle l'est tout autant dans l'exploration des fonds sous-marins.

> Un robot peut-il explorer efficacement les fonds marins ?

> **Connaître et être capable de...**
> - Identifier un besoin et énoncer un problème technique (contraintes et ressources) S1 S2 S3
> - Participer à l'organisation de projets S3
> - Imaginer des solutions (design, représentation de solutions) S2 S3
> - Présenter à l'oral et à l'aide de supports numériques multimédias des solutions techniques (outils numériques et charte graphique) S3
>
> Domaine 4 du socle commun

Support 2 Skytran
Un transport urbain aérien

La population ne cesse d'augmenter et nos villes doivent s'adapter à cet accroissement : construction d'habitations, de routes... La place prise par les chaussées pour les transports en commun et les voitures et celle prise par les trottoirs pour les piétons réduisent l'espace de circulation. Se déplacer au sein des villes va devenir un problème. Au lieu de continuer à se déplacer sur le sol, des techniciens imaginent l'utilisation de l'espace aérien.

> La capsule aérienne est-elle une bonne solution ?

Support 3 Toyota Mirai
Une voiture qui ne pollue pas

 Projet

Suivant le modèle, une voiture émet une quantité de CO_2 plus ou moins importante. L'usage d'une pile à combustion chimique utilisant de l'hydrogène permet d'assurer une propulsion sans émettre de CO_2. Ce type de propulsion a différents avantages : il ne pollue pas et les ressources sont simples à trouver.

> Les futurs véhicules se déplaceront-ils à l'hydrogène ?

THÉMATIQUE
Le design, l'innovation et la créativité

Support 1 — Crabster 200

doc 1 — Le robot Crabster 200

Il existe différents types de robots explorateurs mais peu servent à l'exploration des fonds marins. Le Crabster 200 a été conçu par l'Institut coréen des sciences océaniques. Conçu comme un crabe, ce bio-robot va pouvoir explorer les fonds marins.

doc 2 — Un crabe vu de dessus

doc 3 — Le Crabster 200 en détail

- Attache et guide de protection
- Sonar haute définition
- Transpondeur
- Lampe et caméra optique
- Doppler acoustique pour les courants
- Coque en fibre de verre
- Pince
- Patte pour se déplacer
- Caméra acoustique et zoom optique
- Capteur de force
- Support à outils
- Coque en fibre de verre
- Bras avant multiaxes

doc 4 — Le capteur et le détecteur

Capteur

Le capteur est un dispositif sensible à un phénomène physique déterminé (chaleur, force du vent, température) qui évolue dans le temps. Il va ensuite transformer cette grandeur en signal (en général électrique).

Détecteur

Le détecteur est un dispositif qui permet de détecter une action ou un état (pression sur un bouton, présence ou contact). Cette action ne peut prendre que deux positions. On parle aussi de TOR (tout ou rien).

---

1. Quelles sont les actions que peut faire un crabe (**doc 2**) ?
2. Décrivez la constitution du Crabster 200 (**doc 3**).
3. Faites une comparaison entre un crabe et le Crabster 200 d'un point de vue technologique (**docs 2** et **3**).
4. Proposez une liste de différents capteurs et détecteurs pouvant répondre aux différentes contraintes auxquelles est soumis le Crabster 200 (**doc 4**).

Pour aller plus loin

www.humanoides.fr/2013/08/le-cr200-un-crabe-robot-pour-explorer-les-sols-sous-marins/
www.youtube.com/watch?v=P1VN_Z0-hPw

Support 2 Skytran

doc 1 — Le problème du transport

Face à l'augmentation de la circulation et à la réduction de l'espace urbain, l'utilisation du Skytran permet aux usagers de se déplacer au-dessus des rues. Ce mode de transport fait gagner de la place et du temps lors des déplacements.

doc 2 — La description du Skytran

Le Skytran ressemble à un train monorail. Les passagers sont transportés dans des capsules qui circulent à une dizaine de mètres au-dessus du sol. Ce monorail est posé sur un rail central. Les capsules du Skytran peuvent transporter deux personnes à la fois. Elles sont suspendues grâce à une technologie brevetée de lévitation magnétique. Les capsules sont capables de circuler jusqu'à 100 km/h et de s'orienter sur mesure à l'aide d'un système d'aiguillage et de plusieurs stations intermédiaires.

doc 3 — Le principe de lévitation magnétique

On utilise des électro-aimants placés sur les capsules qui vont interagir avec des barres de fer laminées placées dans le monorail. Les capsules vont léviter à 1 centimètre du monorail grâce à une force magnétique. C'est le même principe que le rapprochement de deux aimants qui vont se repousser.

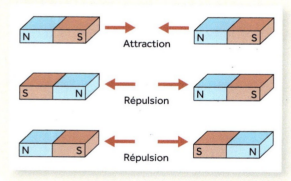

doc 4 — Le plan d'une ville avec un départ (A) et une arrivée (B)

---

1. À l'aide du **doc 2**, faites une représentation graphique du Skytran.
2. Expliquez le principe de lévitation magnétique avec vos propres termes (**doc 3**).
3. Quels vont être les avantages et les inconvénients de la lévitation magnétique pour le Skytran (**docs 2** et **3**) ?
4. Quelles contraintes (modifications) implique l'installation de ce type de technologie dans une ville ?
5. Imaginez un circuit possible pour l'installation d'un monorail en tenant compte des contraintes listées dans la question précédente (**doc 4**).

Pour aller plus loin

www.skytran.us/
www.youtube.com/watch?v=1soEMBEs5Yk

THÉMATIQUE
Le design, l'innovation et la créativité

Support 3 — Toyota Mirai (Projet)

Étude préalable

doc 1 — La combustion électrochimique

La combustion électrochimique entre l'électricité, l'eau et la chaleur produit un nouveau type d'énergie. Toyota a mis au point une voiture capable d'utiliser cette énergie et de n'émettre aucune émission de CO_2.
Cette production d'énergie est une nouvelle manière d'alimenter nos moyens de déplacement et de réduire ainsi nos impacts environnementaux.

Une vue du moteur à hydrogène

doc 2 — Le principe de la pile à hydrogène

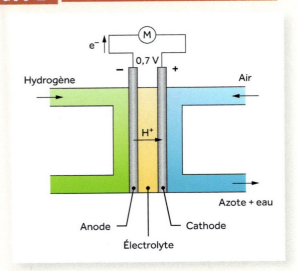

doc 3 — La définition des électrolytes

Les électrolytes sont des composés chimiques qui libèrent des ions lorsqu'ils sont dans l'eau. Il existe deux types d'électrolyte :
– électrolytes acides (ions allant de l'anode vers la cathode) ;
– électrolytes basiques (ions allant de la cathode vers l'anode).
La libération de ces ions change cette solution aqueuse en conducteur électrique.

1. Expliquez le principe de la pile à combustion à l'aide des **docs 1**, **2** et **3**.
2. Quelles sont les particularités de l'énergie issue de la combustion électrochimique ?
3. À quels autres objets techniques peut-on appliquer cette source d'énergie ?
4. Connaissez-vous d'autres moyens de déplacement utilisant une énergie non polluante ?

Application

doc 5 — L'invention de solutions pour la réalisation d'un véhicule

Vous travaillez dans un centre de recherche qui doit réaliser un moyen de transport pouvant se déplacer de manière autonome sur une distance précise. Chaque membre de votre centre aura un rôle bien précis. Il faut : un chef d'équipe, un ingénieur en énergétique, un technicien en mécanique et un pilote.

doc 6 — L'illustration du circuit

doc 7 — La charte graphique du document

Une charte graphique est un ensemble d'informations à respecter pour la rédaction d'un document numérique.
Charte pour le document numérique :
– écriture : noire, taille 12 et arial ;
– alignement justifié, interligne 1,5 ;
– marges : 2 cm sur l'ensemble du document.

5 À partir du **doc 5**, attribuez un rôle à chaque membre de votre centre.

6 Proposez une organisation cohérente de la réalisation de votre projet.

7 Faites un tour de table où chaque membre va énoncer deux contraintes différentes propres à son rôle.

Chef d'équipe	Ingénieur en énergétique
Contrainte 1	Contrainte 1
Contrainte 2	Contrainte 2

Technicien en mécanique	Pilote
Contrainte 1	Contrainte 1
Contrainte 2	Contrainte 2

8 Énoncez pour chaque contrainte une fonction technique.

9 Imaginez différentes solutions possibles pour les fonctions énoncées à la question précédente, en vous appuyant sur le modèle ci-dessous.

10 Réalisez un document numérique présentant vos différentes recherches afin de les communiquer aux autres centres, en respectant la charte graphique du **doc 7**.

Pour aller plus loin
www.toyota.fr
www.youtube.com/watch?v=i-DM2dQGEkk

4 Mettre en œuvre des solutions techniques

À retenir

● L'invention de solutions techniques

Lorsque l'on a étudié un objet technique et que l'on a défini ses contraintes, on passe à l'étape de la recherche de solutions techniques.
La recherche de solutions peut être atteinte de deux manières différentes : soit en utilisant des solutions déjà existantes que l'on va devoir adapter à l'objet technique concerné ; soit en imaginant des solutions techniques.

● Les solutions techniques

Ce sont les réponses possibles qui vont satisfaire à une fonction technique.

● Le design

C'est la création d'un projet qui doit aboutir à une réalisation. On recourt au design afin de pouvoir améliorer ou optimiser un objet technique.

Description détaillée de la recherche de solutions techniques

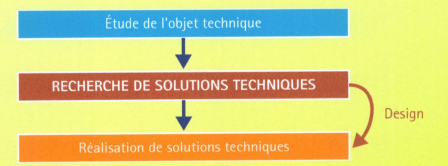

Invention de solutions techniques	RECHERCHE DE SOLUTIONS TECHNIQUES	Utilisation de solutions techniques existantes
Questionnement	Fonction technique : couper des objets avec précision	Scalpel, scie, découpe laser, découpe jet d'eau

Évaluation

Mettre en œuvre des solutions techniques — 4

Attendus de fin de cycle
- Imaginer des réponses, matérialiser des idées en intégrant une dimension design

Support 4 — Rolling Bridge

doc 1 — Un pont mobile

Franchir des obstacles (rivière, vallée, montagne) permet à l'homme de gagner du temps sur ses déplacements. Les différentes contraintes – distances à traverser, types de personnes ou d'objets techniques qui peuvent les traverser – que doivent respecter un pont et son environnement ne sont pas faciles à mettre en œuvre.
Le Rolling Bridge est une passerelle qui se plie et se déplie, à la manière d'une queue de scorpion, à l'aide de vérins.

doc 2 — Les trois positions du Rolling Bridge

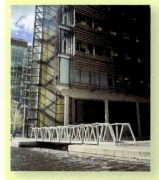

doc 3 — L'explication d'un vérin hydraulique

Un vérin hydraulique est un appareil qui permet de soulever et de déplacer des charges importantes. Dans le cas du vérin hydraulique, on utilise de l'huile pour déplacer un piston. Il y a une transformation d'énergie.

Énergie hydraulique (pression) → VÉRIN HYDRAULIQUE → Énergie mécanique (effort mécanique)

doc 4 — La schématisation d'un vérin

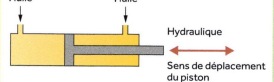

Huile — Huile — Hydraulique — Sens de déplacement du piston

---

① Dessinez la trajectoire du Rolling Bridge lorsqu'il se plie et lorsqu'il se déplie (**doc 2**).

② Quelles vont être les contraintes sur les vérins pour le bon fonctionnement de la passerelle (**doc 3**) ?

③ Imaginez le placement des vérins pour pouvoir plier et déplier la passerelle.

④ Le mouvement de cette passerelle est vertical. Proposez une solution qui permette de réaliser un mouvement horizontal.

⑤ Présentez vos solutions dans un document numérique.

THÉMATIQUE
Le design, l'innovation et la créativité

5 / Réaliser un objet technique

Support 1 Solar Impulse
Un avion solaire

L'avion a transformé nos relations avec l'extérieur, notamment avec le commerce et le tourisme. Mais son importante consommation de kérosène émet beaucoup de CO_2.
L'association entre l'énergie solaire et l'aviation a permis de concevoir un modèle d'avion se déplaçant sans carburant d'origine minérale.

> *Le soleil peut-il être une source d'énergie pour se déplacer ?*

Connaître et être capable de...
- Identifier les conditions, les contraintes et les ressources S1 S2
- Participer à l'organisation de projets S3
- Organiser, structurer et stocker des ressources numériques S1 S3
- Réaliser, de manière collaborative, le prototype d'un objet communicant. S2 S3

Domaine 4 du socle commun

Support 2 Hydrolienne
De l'électricité grâce à la mer

La production d'électricité est devenue un objectif important dans le cadre du respect de l'environnement. Ressource infinie ou force des courants, la mer offre des avantages qui sont sans conséquence sur l'environnement. Le principe des éoliennes est utilisé pour l'utilisation des courants marins.

> *Peut-on avoir les mêmes résultats avec l'hydraulique et l'éolien* ?

Support 3 Lecteur sans contact
Le paiement sans contact

Projet

L'arrivée du numérique a transformé notre manière de vivre. Ainsi, l'utilisation de tablettes qui fonctionnent comme un ordinateur portable, ou encore les maisons dites « intelligentes ». Notre façon d'acheter sera très bientôt modifiée. Pour tout paiement par carte bancaire, le moyen d'identification sans contact s'installe.

> *Comment peut-on payer sans contact* ?

THÉMATIQUE
Le design, l'innovation et la créativité

Support 1 — Solar Impulse

doc 1 — L'énergie solaire

L'utilisation de l'énergie solaire doit compter avec les conditions météorologiques. Son rendement ne peut dépasser les 12 %. La fragilité des cellules photovoltaïques constitue également un frein au développement de l'aviation solaire. La recherche de solutions est en cours, dont celle d'une plus grande capacité à transporter des passagers.

doc 2 — Le Solar Impulse ou Discovery

Solar Impulse est le premier avion capable de voler, de jour comme de nuit, sans carburant. Cet avion révolutionnaire utilise le soleil comme unique source d'énergie pour se déplacer.

doc 3 — La comparaison du Solar Impulse avec un Boeing 747

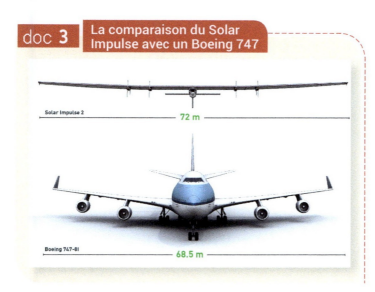

Solar Impulse 2 — 72 m
Boeing 747-8I — 68.5 m

doc 4 — La définition d'un organigramme

Un organigramme est un document qui permet de lister l'ensemble des étapes d'un projet. Il va servir à organiser la réalisation et à définir les actions que doit effectuer chaque participant.

Exemple d'organigramme

---

1. Citez les différentes contraintes du Solar Impulse (**docs 1** et **2**).

2. Comparez le Solar Impulse avec un Boeing 747 (**doc 3**).

3. Par groupe, imaginez une maquette d'un prototype d'avion miniature.

4. Proposez une répartition de vos rôles ainsi que les différentes étapes de réalisation de votre projet.

5. Avec la liste des étapes de réalisation, construisez l'organigramme présentant l'organisation complète de votre projet (**doc 4**).

Pour aller plus loin

www.info.solarimpulse.com/fr
www.lemonde.fr/planete/video/2015/03/09/le-tour-du-monde-historique-de-solar-impulse-2-a-commence_4589824_3244.html

Support 2 — De l'électricité grâce à la mer

doc 1 — L'hydrolienne

L'entreprise EDF développe un modèle d'hydrolienne qui va pouvoir produire 2 500 MW en moyenne. À l'image de l'éolienne qui utilise le vent pour faire tourner ses pales, l'hydrolienne utilise la force des courants marins pour produire de l'électricité.

doc 2 — Une éolienne

Pale, Nacelle, Système de régulation électrique, Frein, Générateur, Moyeu et commande de rotor, Mât, Multiplicateur, Armoire de couplage au réseau électrique, Fondations

doc 3 — Une hydrolienne EDF

doc 4 — L'alternateur

C'est un moteur qui permet de produire de l'énergie électrique grâce à la mise en rotation d'une bobine. Cette bobine est mise en rotation par la force d'éléments extérieurs : le vent, les courants marins. La bobine de cuivre est enroulée autour d'un aimant, et sa rotation produit un courant électrique.

doc 5 — Un prototype

Un prototype est un modèle qui donne une vue précise de l'original. Il possède l'ensemble des caractéristiques techniques de fonctionnement de la réalisation finale. Un prototype permet la présentation des futurs projets.

---

1. Schématisez une éolienne et une hydrolienne (**docs 1** et **2**).
2. Quels sont les éléments de la chaîne d'énergie de l'hydrolienne ?
3. Présentez la chaîne d'énergie de l'hydrolienne.
4. Énoncez la liste des composants constituant le prototype (**doc 4**) d'une hydrolienne.
5. Imaginez le prototype de votre hydrolienne (**doc 5**).
6. Réalisez un document qui présente vos différentes recherches de solutions ainsi que l'organisation de la réalisation de votre prototype.

Pour aller plus loin

www.edf.fr/groupe-edf/producteur-industriel/energies-nouvelles/energies-marines/energie-hydrolienne
webtv.edf.com/le-parc-hydrolien-edf-de-paimpol-brehat-utiliser-les-energies-marines-video-2365.html

THÉMATIQUE
Le design, l'innovation et la créativité

Support 3 Lecteur sans contact
Projet

Étude préalable

doc 1 — Le numérique

Le numérique est une révolution technologique qui apporte de nombreux avantages : rapidité de transfert des données, fiabilité, distances de communication plus étendues. Le lecteur sans contact est l'une des applications réalisées grâce au numérique.

doc 2 — Le paiement sans contact

Saisie d'un montant à payer → Pose de la carte bancaire du client sur le lecteur → Signal sonore pour confirmer l'acceptation du paiement → Impression du reçu bancaire

doc 3 — La RFID

La RFID (radio fréquence identification) est une technologie capable d'effectuer l'identification d'un objet technique sans contact physique. C'est le même principe que la détection de présence pour éclairer une pièce mais, au lieu d'utiliser un rayonnement, on utilise un champ électromagnétique.

doc 4 — Une carte et un lecteur RFID

Objet techniques muni d'une puce électronique — Émetteur

Lecteur RFID — Récepteur

doc 5 — Un schéma fonctionnel

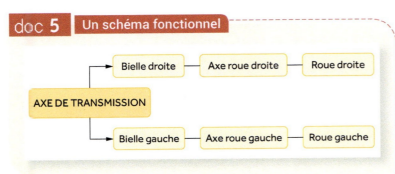

AXE DE TRANSMISSION → Bielle droite → Axe roue droite → Roue droite
AXE DE TRANSMISSION → Bielle gauche → Axe roue gauche → Roue gauche

---

1. Quels sont les avantages du paiement sans contact ?
2. Faites un croquis présentant le fonctionnement d'un lecteur sans contact (**doc 2**).
3. Définissez les rôles d'émetteur et de récepteur avec vos propres termes (**docs 2** et **3**).
4. Proposez un schéma fonctionnel qui explique la constitution d'un lecteur RFID (**docs 4** et **5**).

Réaliser un objet technique 5

Application

doc 6 — La demande

L'entreprise Reacoque a demandé à votre équipe de réaliser une solution permettant de faciliter les micropaiements (à l'aide d'un badge) lors d'événements culturels (concerts, festivals). Votre équipe doit réaliser une solution simple et efficace pour effectuer ces micropaiements.

doc 7 — Un lecteur RFID et une carte programmable arduino

doc 8 — Les dimensions du lecteur RFID et de la carte programmable arduino

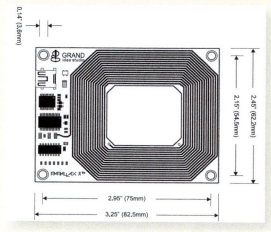

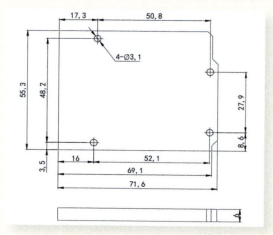

doc 9 — La machine-outil

Une machine-outil est un outil automatisé permettant d'effectuer des tâches répétitives et parfois précises pour réaliser différentes pièces d'un objet technique. Exemple : imprimante 3D, graveuse, perceuse.

---

5. Organisez le travail de votre équipe (**doc 6**).

6. Quelles sont les contraintes imposées par une carte électronique et un lecteur RFID, dans le cas d'une solution pouvant contenir ces composants (**docs 7** et **8**) ?

7. Par groupe, imaginez des solutions possibles pour réaliser ce projet.

8. Schématisez vos différentes solutions.

9. Présentez vos différentes solutions à l'aide d'un diaporama.

10. Quelles machines-outils allez-vous utiliser pour réaliser votre projet (**doc 9**) ?

Pour aller plus loin

www.youtube.com/watch?v=i-DM2dQGEkk

5 Réaliser un objet technique

À retenir

● La réalisation d'une solution technique

Lorsque la recherche de solutions techniques est terminée, la mise en œuvre de la réalisation commence. Un planning est établi pour définir la durée et les différents acteurs du projet. Après avoir effectué ces deux actions, la réalisation du prototype peut débuter.

La réalisation d'un prototype de la solution technique est effectuée pour vérifier sa conformité. À ce moment, le prototype est soumis à plusieurs tests pour valider entièrement la solution et ainsi fabriquer l'objet final.

● L'organigramme

Document permettant de présenter l'ensemble des étapes d'un projet, l'organigramme montre les différentes étapes de réalisation du projet sur un temps défini.

● Le prototype

Modèle qui ressemble à l'objet final, il en possède l'ensemble des caractéristiques techniques de fonctionnement et est utilisé pour des tests et des présentations du futur projet.

● La validation

C'est l'étape où l'on va effectuer un choix sur le projet. S'il y a des modifications à effectuer, c'est grâce à cette étape que l'on va pouvoir rectifier le projet.

Étapes de réalisation du projet

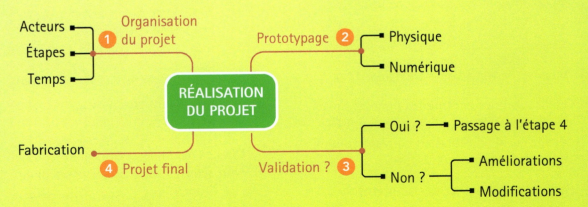

Évaluation

Réaliser un objet technique — 5

📍 **Attendus de fin de cycle**
● Réaliser, de manière collaborative, le prototype d'un objet communicant

Support 4 — Boîtiers CPL

doc 1 — Le CPL

Le CPL (courant porteur en ligne) est une technologie permettant de faire communiquer différents appareils (télévision, four, éclairage) et un réseau électrique. La mise en œuvre de cette technologie s'effectue par des boîtiers « classiques » que l'on place entre une prise électrique et l'appareil.

doc 2 — La demande

Le bureau d'études DOMOConnect veut améliorer ses boîtiers CPL. En effet, différents clients se sont plaints du fonctionnement de leur boîtier. Il y a régulièrement des problèmes de connexion et la place pour installer un boîtier est difficile à trouver dans de petits espaces.

doc 3 — Des boîtiers CPL

doc 4 — Les dimensions d'un boîtier CPL

175 mm — 150 mm — 85 mm

doc 5 — Un réseau CPL dans une maison

Internet

---

1. Citez les différentes contraintes de réalisation énoncées dans les **docs 2** et **4**.

2. À partir du **doc 3**, imaginez un nouveau boîtier respectant les contraintes énoncées dans la question 1.

3. Certains boîtiers sont munis d'une connexion wifi. Proposez un autre modèle de boîtier qui va permettre de différencier les boîtiers « classiques » et les boîtiers « connectés ».

4. Réalisez un planning pour l'organisation de réalisation de vos boîtiers CPL.

5. Rédigez un document présentant l'ensemble de vos solutions techniques.

Les objets techniques, les services et les changements induits dans la société

Dans cette thématique, je vais...

Commenter l'évolution des transports	52
Traiter et stocker les informations	60
Communiquer	68
Imiter le vivant	76

Robots serveurs dans la restauration rapide au Japon.

THÉMATIQUE

Les objets techniques, les services et les changements induits dans la société

6 Commenter l'évolution des transports

Support 1 Automobile
Un moyen de transport individuel

L'automobile est un immense progrès puisqu'elle permet le développement des déplacements individuels sur toutes distances. Plusieurs évolutions ont été nécessaires pour aboutir à la voiture d'aujourd'hui.

Citroën B14 Torpédo, 1927

> Comment la voiture a-t-elle évolué et quels changements a-t-elle pu induire dans la société ?

> **Connaître et être capable de...**
> - Comparer et commenter les évolutions des objets et des systèmes `S1` `S2` `S3`
> - Regrouper des objets en familles et lignées `S2` `S3`
> - L'évolution des objets `S1` `S2` `S3`
> - Exprimer sa pensée à l'aide d'outils de description adaptés `S1` `S2` `S3`
>
> Domaines 2 et 5 du socle commun

Support 2 Train

Les différents principes de fonctionnement

L'invention de la machine à vapeur a donné naissance à la locomotive. Le train a pris une part importante dans le développement des villes et des villages et a permis aux personnes de se déplacer collectivement et facilement.

Une locomotive Pacific, 1901

> **Tous les trains fonctionnent-ils de la même façon ?**

Support 3 Avion

Un rêve ancien : se déplacer dans les airs

Projet

Voler est un très vieux rêve de l'homme. Selon la mythologie grecque, Icare a été le premier homme à voler, au moyen d'ailes fixées à ses épaules par de la cire. Il a fallu attendre le début du XXe siècle pour que soit créée une machine capable de voler véritablement.

Avion Morane-Saulnier, 1912

> **Quels principes permettent le déplacement dans les airs ?**

THÉMATIQUE
Les objets techniques, les services et les changements induits dans la société

Support 1 — Automobile

doc 1 — La fabrication en série

Après les premières inventions, l'ère de la production industrielle arrive. Henri Ford met en place un modèle d'organisation du travail fondé sur les lignes de montage et le travail à la chaîne. Les gains de productivité profitent en partie aux salariés qui peuvent alors s'acheter des voitures. L'automobile, comme outil de mobilité et de liberté, ne cesse d'évoluer.

doc 2 — L'âge d'or de la carrosserie

Afin de relancer l'économie à la suite du krach financier de 1929, des créateurs lancent un mouvement artistique : le « Streamline moderne ». Il consiste à innover en adoptant des formes et des lignes fluides dans des domaines comme l'architecture ou les transports. Après la Seconde Guerre mondiale, la recherche de l'esthétique et de l'aérodynamisme, ainsi que les progrès technologiques, contribue à l'âge d'or de l'automobile. L'augmentation constante de la demande s'accompagne d'une offre très riche. À la suite des chocs pétroliers, la prise de conscience écologique pose de nouveaux défis aux constructeurs.

Ford T, 1913

Chrysler Airflow, 1934

doc 3 — La voiture hybride ou électrique

La commercialisation de la voiture à moteur hybride connaît un réel succès dès 1997. Depuis, le progrès technologique des batteries semble ouvrir de nouvelles perspectives. Le début d'une nouvelle aventure industrielle dans le domaine de l'automobile s'affirme en réponse aux préoccupations environnementales.

Toyota Prius, 2015

1 Réalisez une frise chronologique montrant l'énergie motrice dans l'automobile et ajoutez les innovations remarquables : freins, amortisseurs, direction assistée, etc.

2 Positionnez sur la frise les trois voitures présentées dans les **docs 1** à **3**.

3 Après avoir cherché leur signification, placez les expressions suivantes sur la frise : *fordisme, toyotisme, développement durable, New Deal, design industriel*.

Pour aller plus loin
www.planeteautomobile.com
www.arts-et-metiers.net

Support 2 Train

doc 1 — Le train roulant sur deux rails

Train à vapeur

C'est dans les mines, pour ramener le charbon à l'air libre, que se développe l'usage de wagonnets roulant sur deux rails en bois. Des enfants les poussent à l'intérieur ou à l'extérieur de la mine. Puis l'invention de la machine à vapeur et l'amélioration des rails par l'utilisation de la fonte transforment cette situation. Le train transporte le minerai à quelques kilomètres de son site d'extraction. Mais il faut une locomotive puissante, capable de tracter des wagons chargés de plusieurs tonnes de minerai. Ensuite, le transport de passagers apparaît.

doc 2 — Le train monorail

Un train n'a pas obligatoirement besoin de deux rails sur lesquels rouler. Il peut aussi n'utiliser qu'un seul rail. Il est alors

Train monorail

suspendu à ce rail ou au contraire à cheval sur lui (voir image ci-dessus). Différentes solutions techniques ont été développées ; certaines sont restées au stade expérimental, d'autres équipent les trains les plus rapides du monde.

doc 3 — Le train à crémaillère

Les trains classiques ne peuvent parcourir que des pentes faibles. En montagne, une autre solution technique est utilisée, qui permet aux trains de franchir des cols : c'est la crémaillère (un rail cranté). Elle est installée au milieu

Train à crémaillère

des deux rails principaux. La locomotive est munie d'une roue dentée qui vient prendre appui sur la crémaillère et empêche la locomotive de glisser.

---

1. Expliquez les différents principes mis en jeu dans les trains (**docs 1 à 3**).
2. Une lignée est un ensemble d'objets appartenant à la même famille et utilisant le même principe de fonctionnement. Combien de lignées dégagez-vous pour le train ?
3. Recensez les images des principaux trains créés pour chacun des principes repérés.
4. Présentez à la main, sous la forme d'un arbre, les différentes lignées que vous avez trouvées. Chaque élément d'une lignée devra être représenté par une image et une date. Pensez à nommer chaque lignée.

Pour aller plus loin
www.sncf.com
www.pilatus.ch/fr

THÉMATIQUE
Les objets techniques, les services et les changements induits dans la société

Support 3 — Avion (Projet)

Étude préalable

doc 1 — Les montgolfières puis les planeurs

Montgolfière utilisée lors du premier vol humain en 1783, à Paris

Montgolfières et planeurs sont présents aux débuts de l'aviation. Ils existent encore aujourd'hui et ont subi de nombreuses améliorations. En 1783, les frères de Montgolfier réalisent un ballon qui s'élève à mesure que l'on chauffe l'air qu'il contient, dit « montgolfière ». Ce système a été amélioré en dotant la nacelle d'un moteur et d'un gouvernail pour diriger le ballon. On parle alors de « dirigeable ». Le dirigeable Zeppelin est utilisé lors de la Première Guerre mondiale par les Allemands pour surveiller les champs de bataille, puis pour le transport aérien. Quant au planeur, il imite le vol des oiseaux en utilisant les courants ascendants de l'atmosphère. Jean-Marie Le Bris construit le premier planeur en 1856. L'Allemand Otto Lilienthal l'améliore et en développe plusieurs modèles, avant que le vol motorisé des frères Wright n'ouvre une nouvelle page dans la conquête du ciel.

doc 2 — Les débuts de l'aviation moderne

L'invention du moteur à combustion interne et son utilisation comme propulseur à hélice sur le planeur des frères Wright lancent les bases de l'aviation moderne. L'ingénieur français Clément Ader donne à sa machine volante le nom d'« avion ».
L'utilisation des avions pendant les deux guerres mondiales entraîne une course technologique qui va contribuer à leur évolution technique.

Premier vol motorisé des frères Wright, le 17 décembre 1903, sur Flyer

Réalisez une frise chronologique en y positionnant les modèles d'appareils (civils ou militaires) qui ont marqué l'histoire de l'aviation. Ce travail vous aidera dans la réalisation du jeu « Chronojeu ».

Pour aller plus loin
www.museeairespace.fr/
musee-aeroscopia.fr/
www.musee-aviation-angers.fr/

Commenter l'évolution des transports — 6

doc 3 — L'avion à réaction

L'amélioration de la propulsion avec l'invention des turboréacteurs permet une certaine démocratisation du voyage en avion, en diminuant le coût énergétique moyen par voyageur. La première liaison commerciale avec des passagers à bord d'un avion de ligne à réaction a lieu en 1952 et relie Londres à Johannesburg. Le tourisme connaît dès lors un développement sans précédent. Les avionneurs rivalisent en conceptions, créant des avions de plus en plus gros, performants et confortables. Après cette croissance formidable, de nouveaux défis, liés à l'impact sur l'environnement, doivent être relevés. Parallèlement, la conquête de l'espace prend un essor considérable avec l'envoi de sondes sur des planètes éloignées de la terre. Les capsules, les navettes spatiales voient le jour. Le progrès de l'aviation militaire donne une avance stratégique aux grandes puissances, mais l'utilisation de drones entraîne de nouveaux questionnements.

De Havilland Comet (premier avion de ligne à réaction). Ici le Comet 4B de la compagnie British European Airways en 1969

Application

doc 4 — Le Chronojeu

Réalisez un jeu « Chronojeu » qui vous permettra de créer à plusieurs une frise chronologique avec différentes familles de moyens de transport. Les thèmes sont l'automobile, le train et l'avion.

Deux groupes prennent en charge un même moyen de transport et s'appuient sur les activités précédentes pour recenser les grandes étapes de l'évolution de cette famille d'objets. Après la répartition du travail, chaque groupe cherche des images d'objets techniques typiques de sa famille et leur date de création. À l'aide d'un logiciel, créez pour chaque objet une carte montrant au recto l'image et le nom de l'objet, au verso sa date de création.

Règles du jeu (deux à quatre joueurs) : le but est de créer une frise chronologique à partir des cartes distribuées. Pour gagner, il faut être le premier à avoir posé toutes ses cartes sur la table.
Après avoir mélangé les cartes, en distribuer cinq par joueur, date cachée. Le joueur le plus jeune commence. Il pose une carte sur la table. Le suivant choisit dans son propre jeu une carte qu'il pose à gauche de la carte précédemment posée s'il pense que le véhicule représenté a été construit avant celui déjà posé, ou à droite, s'il pense que ce véhicule est plus récent. Une personne retourne la carte pour vérifier la date. Si le joueur a raison, il peut poser une autre carte. Sinon, il doit piocher deux cartes avant de laisser jouer la personne suivante.

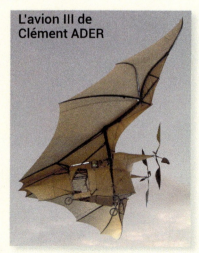

Exemple d'une carte de jeu (côté recto) sur le thème de l'avion

6 Commenter l'évolution des transports

À retenir

● La frise chronologique, outil de représentation des évolutions des objets

Les objets techniques se caractérisent par leur fonction d'usage. Des objets ayant la même fonction d'usage appartiennent à la même famille. Les objets tels que nous les connaissons sont le résultat d'une évolution plus ou moins rapide. Ces évolutions sont dues aux progrès techniques dans des domaines comme les matériaux, les énergies. Les changements qui apparaissent dans la société, sur le plan des besoins, des enjeux économiques ou sociétaux (écologie, bien-être...) contribuent à l'évolution des objets. La frise chronologique est un outil qui permet de faire apparaître ces évolutions.

● L'arborescence, outil de représentation des lignées d'objets

Les concepteurs utilisent leur ingéniosité pour inventer de nouvelles solutions techniques. Ils changent parfois totalement le principe de fonctionnement d'un objet. Dans une même famille, les objets peuvent fonctionner selon des principes techniques différents.
Une lignée est un ensemble d'objets qui appartiennent à la même famille mais qui fonctionnent sur des principes techniques différents.
L'arborescence permet de représenter ces lignées.

Carte heuristique pour définir une famille

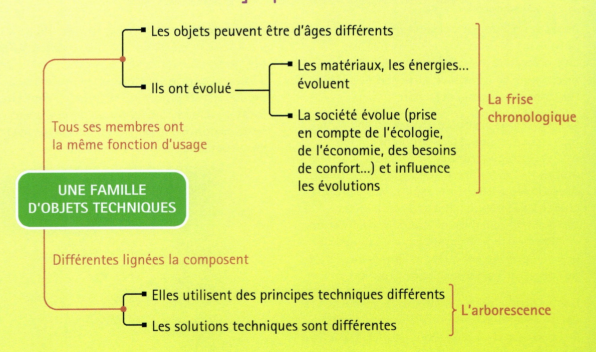

Évaluation

Commenter l'évolution des transports — 6

Attendus de fin de cycle
- Comparer et commenter les évolutions des objets et des systèmes
- Exprimer sa pensée à l'aide d'outils de description adaptés
- Développer les bonnes pratiques de l'usage des objets communicants

Support 4 — Évolution du vélo

doc 1 — La naissance d'une nouvelle machine

En 1818, le baron von Drais invente une machine constituée de deux roues en bois reliées par une barre en bois. Il enjambe la machine et avance avec les pieds. On l'appelle la *machine à courir* mais aussi la *draisienne*. En 1861, Pierre Michaux munit la draisienne de deux manivelles reliées à l'axe de la roue avant : ce sont des pédales. La machine prend le nom de *vélocipède à pédivelles*.

doc 2 — Avancer plus vite

En 1870, James Starley réalise une machine avec une roue plus grande à l'avant, ce qui permet d'aller plus vite. Cet engin s'appelle un *grand bi*. Les classes aisées de l'époque utilisent la bicyclette pour leurs loisirs. Lawson et Starley ajoutent à cette machine un système de transmission par chaîne sur la roue arrière. La taille de la roue avant diminue. La machine prend le nom de *vélocipède de sécurité Rover*. En 1888, Terrot invente le système de roue libre sur la roue arrière.
Le vélo prend sa place dans le paysage français en tant que sport. Des courses cyclistes sont organisées. En 1903, le Tour de France est créé.

doc 3 — Avancer en fournissant moins d'efforts

En Angleterre, le *Wall-auto-wheel* est proposé à la vente en 1909. Un moteur, raccordé à une petite roue, est ajouté à côté de la roue arrière du vélo. Il permet au vélo d'aller plus vite, et au cycliste de continuer à pédaler pour accroître sa vitesse.

doc 4 — Vers le vélo moderne

En 1936, pour la première fois, les Français ont droit à des congés payés. Beaucoup d'entre eux utilisent leur bicyclette pour partir en vacances. 1937 voit apparaître la « boîte de vitesses » : le dérailleur est né.
Le vélo moderne prend ensuite des formes différentes : le *BMX* naît en 1968 en Californie ; c'est un vélo de petite taille permettant de faire des acrobaties, sans dérailleur. Le *VTT* apparaît en 1973, toujours aux États-Unis. Dans les années 1990, le vélo à assistance électrique fait son entrée dans le paysage du cyclisme. Aujourd'hui, les difficultés de circulation dans les villes et la responsabilité écologique favorisent l'utilisation du vélo.

---

1. Repérez dans les **docs 1** à **4** les informations concernant l'évolution technique de la machine vélo.
2. Repérez les informations liées à l'évolution de la société.
3. Réalisez une frise chronologique montrant ces différentes évolutions.
4. Dans les années 1870, deux principes sont proposés pour aller plus vite. Lesquels ?
5. L'un d'entre eux ne sera plus jamais utilisé. Lequel ?
6. Au début du XXᵉ siècle, deux nouveaux principes sont proposés pour aller plus vite. Lesquels ?
7. Dessinez un arbre des lignées.

THÉMATIQUE
Les objets techniques, les services et les changements induits dans la société

7 Traiter et stocker les informations

Support 1 Ordinateur
Du calculateur à l'objet grand public

Bien avant l'apparition des ordinateurs, l'information était transmise par le geste, le langage, le dessin, l'écriture et plus tard par le téléphone, la radio et la télévision. L'invention de l'ordinateur a permis d'assister le cerveau humain dans le traitement de l'information, tout en permettant son stockage. L'ordinateur est devenu un objet multiusage indispensable à la vie professionnelle et quotidienne. Pourtant il n'apparaît que vers le milieu du XXe siècle.

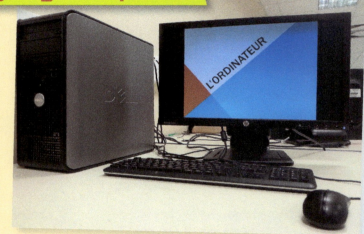

Ordinateur avec écran plat LCD

Son développement connaît un essor sans précédent à partir des années 1970, modifiant de façon importante et irréversible nos modes de vie. L'apparition d'Internet et les progrès de l'électronique et du numérique ont définitivement inscrit l'usage des ordinateurs et autres écrans intelligents ou connectés dans notre quotidien. On les rencontre sous des formes diverses : ordinateur personnel, téléphone portable, tablette, télévision connectée, guichet automatique, borne d'information.

L'ordinateur et le matériel associé, comme l'écran (ou moniteur en informatique), ont connu des évolutions importantes. Ils n'ont cessé de progresser en termes de capacités, d'encombrement, de design et de qualité d'image.

> **Quelles sont les étapes et les conséquences de ces évolutions ?**

📍 Connaître et être capable de...

- L'évolution des objets S1 S2
- Regrouper des objets en familles et lignées S2 S3
- Impacts sociétaux et environnementaux dus aux objets S1 S3
- Élaborer un document qui synthétise ces comparaisons et ces commentaires S1 S2 S3
- Cycle de vie S1
- Outils numériques de présentation S3

Domaines 2 et 5 du socle commun

Support 2 Stockage
L'évolution des supports de stockage pour les particuliers

L'ordinateur traite les informations, mais celles-ci doivent être stockées, et parfois transportées. Les supports de stockage répondent à cette double exigence. Leurs formes, leurs volumes et leurs capacités évoluent de pair avec les avancées technologiques dans les domaines de l'électronique et des matériaux.

> Quelles sont les différentes lignées des supports de stockage ?

Support 3 Nuage ou cloud computing
La sauvegarde des données autrement

Projet

Les quantités de données à stocker sont importantes. Entreprises et particuliers peuvent décider de ne plus les garder sur un support physique dont ils sont propriétaires. Ils préfèrent utiliser les services de l'informatique en nuage.

Exemples de supports de mémoires sur le cloud (GoogleDrive®, OneDrive®, Dropbox®)

> De quoi s'agit-il ?

THÉMATIQUE
Les objets techniques, les services et les changements induits dans la société

Support 1 — Ordinateur

doc 1 — L'ENIAC : naissance de l'informatique

Ce calculateur de 27 tonnes, capable de réaliser 5 000 additions par seconde, a signé les débuts de l'informatique en 1946. Les tubes à vide étaient les composants essentiels donnant à la machine sa puissance de calcul.

doc 2 — L'électronique : une technologie indispensable

John Bardeen, William Shockley et Walter H. Brattain, trois ingénieurs, créent en 1947 un composant de petite taille, fonctionnant grâce à un matériau semi-conducteur. Appelé « transistor », ce composant remplace les tubes à vide encombrants qui utilisent beaucoup d'énergie. Les capacités de calcul augmentent et l'encombrement des machines diminue. La miniaturisation des appareils électroniques commence. En 1956, les trois ingénieurs reçoivent le prix Nobel de physique pour leurs travaux.
En 1958, l'invention du circuit intégré permet de développer des machines plus petites avec de grandes capacités de calcul. Jack Kilby recevra en 2000 le prix Nobel de physique pour son invention.

Premier transistor, 1947

doc 3 — La société Intel commercialise, en 1971, le microprocesseur 4004

Ce microprocesseur est composé de 2 300 transistors et peut réaliser 90 000 opérations par seconde.

doc 4 — L'informatique entre chez les particuliers grâce au micro-ordinateur

En 1973, le Micral N est la première machine sur le marché. Son concepteur F. Gernelle la nomme « micro-ordinateur ». Elle est peu vendue mais donne son nom à toutes les machines qui suivront. C'est l'Altair 8800, conçu en 1975, qui lance vraiment les ventes. Ses acheteurs sont férus d'informatique et aussi bricoleurs car cette machine se vend en kit. Une véritable industrie se met alors en place. Des sociétés nouvelles apparaissent. Parmi elles, Apple, dont les créateurs, Steve Jobs et Steve Wozniak, vendent une machine appelée « Apple I ». Ces premières machines ne sont pas faciles à utiliser. Il faut connaître un langage de programmation. Bill Gates et Paul Allen créent un logiciel faisant le lien entre le matériel qui constitue l'ordinateur et les logiciels : c'est le système d'exploitation. IBM commercialise en 1981 un micro-ordinateur nommé IBM-PC, équipé de MS-DOS. Les standards de la micro-informatique sont nés. Désormais tous les micro-ordinateurs se présenteront de la même façon.

Le premier PC de la société IBM

Traiter et stocker les informations

doc 5 — L'ordinateur : une courte vie, beaucoup d'impacts

L'ordinateur a modifié nos modes de vie. Les évolutions sont importantes dans la façon de travailler ou de se divertir. Mais il a aussi des effets en termes d'écologie et de pollution. Pour mesurer cet impact, il faut penser à la machine, depuis l'idée de sa conception jusqu'à sa mise au rebut après utilisation : c'est le cycle de vie du produit.

doc 6 — Le cycle de vie d'un ordinateur

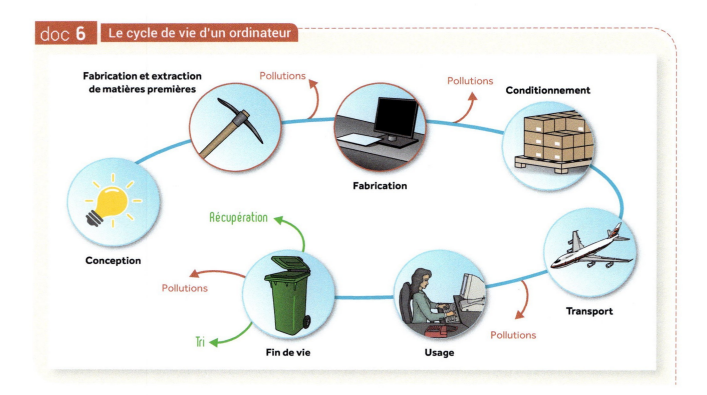

---

1. Quelles inventions ont permis le développement de l'informatique ? Quelle récompense montre les effets de ces inventions sur notre société (**docs 1, 2** et **3**) ?

2. Cherchez les caractéristiques techniques des machines suivantes, et présentez-les chronologiquement dans un tableau en vous inspirant du modèle proposé : Micral N, Altair 8800, Apple II, IBM PC 5150, Atari ST, Power Mac 9500, Imac (**doc 4**).

3. Quelles sont les étapes du cycle de vie de l'ordinateur qui ont le plus d'impact sur l'environnement (**docs 5** et **6**) ?

4. Téléchargez le guide pratique de l'Ademe pour réduire la facture d'électricité et après lecture de la partie liée aux matériels informatiques, listez ce que vous pourriez faire chez vous pour diminuer cet impact.

Année	Marque et modèle de la machine	Vitesse d'horloge (rapidité de calcul en Hz)	Mémoire vive ou RAM, mémoire morte ou ROM	Autres caractéristiques techniques (sauvegarde, clavier, affichage...)	Impact sur les utilisateurs et la société

THÉMATIQUE
Les objets techniques, les services et les changements induits dans la société

Support 2 Stockage

doc 1 — La mémoire vive et la mémoire de masse

Dans un ordinateur, il y a une mémoire vive, la RAM (*Random Access Memory*), qui prend en charge les données traitées. Elle est volatile : elle s'efface en cas de coupure de courant. Il faut donc sauvegarder souvent son travail qui s'inscrit alors sur une mémoire de masse.

doc 2 — L'octet, l'unité de mesure des informations

Dans les circuits électroniques qui constituent l'ordinateur, toute information se traduit par le passage du courant électrique ou par son absence. Ces deux possibilités traduites en langage mathématique donnent 0 pour l'absence de courant et 1 pour sa présence : on parle de « langage binaire ». Pour augmenter la puissance de l'ordinateur, chaque information est codée sur 1 octet ; une série de 8 informations de base appelées *bits*, pouvant prendre chacune la valeur 0 ou 1. La capacité de stockage des supports de mémoire s'exprime en multiples de l'octet.

1 kilo-octet	1 méga-octet	1 giga-octet	1 tera-octet	1 péta-octet
1 Ko	1 Mo	1 Go	1 To	1 Po
1 024 octets	1 024 Ko	1 024 Mo	1 024 Go	1 024 To

doc 3 — L'évolution des mémoires de masse

Dates	Supports de stockage	Caractéristiques
1956	Disque dur	Créé par IBM. Il pèse 1 200 kg et peut enregistrer 4,4 Mo. Il utilise les caractéristiques magnétiques du support.
1978	Disquette souple 5"1/4	Écrite sur les deux faces, elle peut contenir 720 Ko. Il s'agit d'un support magnétique.
1984	Disquette 3"1/2	Plus petite que la précédente, elle peut enregistrer 720 Ko puis 1,44 Mo.
1990	CD-R	C'est un disque gravable et lisible par un faisceau laser. On parle de « disque optique » et sa capacité est de 700 Mo.
1995	DVD-R	Il utilise la même technologie que le CD mais sa capacité est de 4,7 ou 8,5 Go.
2000	Clé USB / Carte SD	Plus besoin de lecteur. La clé USB et la carte SD utilisent une mémoire électronique (mémoire flash), lisible directement et rapidement. La capacité est de 8 Mo pour la clé USB et de 32 Mo pour la carte SD.
2008	Disque dur SSD	Il utilise les mémoires flash et permet un accès rapide aux informations. Sa capacité est de 16 Go.

1 Quelle différence y a-t-il entre la RAM et la mémoire de masse ? Les mémoires de masse sont-elles indispensables (**doc 1**) ?

2 Faites apparaître sur une arborescence les lignées (procédés mécanique, magnétique, optique, électronique) des supports de stockage. Pensez à indiquer les noms des lignées, les dates et les noms des supports de stockage (**docs 2 et 3**).

3 Cherchez, parmi toutes les mémoires de masse, lesquelles sont encore utilisées de nos jours et leurs capacités actuelles (**docs 2 et 3**).

Support 3 — Nuage ou cloud computing — Projet

Traiter et stocker les informations — **7**

Étude préalable

doc 1 — Le nuage ou cloud : les enjeux et les perspectives

Le principe du nuage informatique remonte aux années 1950. Cette offre de services informatiques permet d'accéder à des logiciels, de stocker ses données, de faire des calculs ailleurs que sur sa machine. La dématérialisation et le fonctionnement du cloud soulèvent des problématiques liées à la sécurité des données et à l'impact environnemental des *data centers* (centres de données).

doc 2 — Vue d'ensemble du nuage

Le nuage avec quelques applications (Instagram®, Google Drive®, WatsApp®, Skype®, One Drive®, Twitter®, Facebook®, Dropbox®, Facetime®)

1 À partir du nuage proposé, identifiez trois grands types de services et précisez les applications qui s'y rapportent (**doc 2**).

2 Faites une recherche afin de déterminer les avantages et les inconvénients du service que constitue le cloud.

Application

doc 3 — Présentation du cloud au public

M. Assoc, président d'une association de consommateurs, nous a contactés car il souhaite sensibiliser ses adhérents à l'usage du cloud. Il demande aux élèves du cycle 4 de réaliser une présentation sous forme de diaporama qui permettra de développer les points suivants : Qu'est-ce qu'un cloud ? Comment fonctionne-t-il ? Quels sont les principaux fournisseurs et les caractéristiques de leurs offres ? Quels sont les avantages et les inconvénients de cette solution ?

Pour mener à bien ce projet, vous devrez :
– chercher les informations, définir lesquelles vous serviront, choisir des images ;
– donner une unité visuelle à votre présentation. Pour cela, il faut identifier les éléments qui procurent cette unité et décider ensemble de leurs formes, leurs couleurs, leurs tailles…
– vous répartir le travail puis l'effectuer ;
– le présenter à la classe comme si vous étiez devant M. Assoc.

7 Traiter et stocker les informations

À retenir

● Les lignées d'objets

Au cours de leur évolution, les objets d'une même famille peuvent changer de principes de fonctionnement (lecture optique ou lecture numérique pour les supports de stockage, par exemple). Les éléments utilisant le même principe technique forment une lignée. Une famille peut donc être divisée en lignées.

● Les objets influencent nos modes de vie

Après la Seconde Guerre mondiale, avec la reconstruction et le développement des grandes industries, un plus grand nombre d'objets techniques sont produits et entrent dans la vie quotidienne des individus. Le développement de l'informatique a modifié de façon durable les méthodes de travail dans les entreprises et dans la vie quotidienne.

● Le cycle de vie d'un objet

Au-delà des dépenses énergétiques visibles, il y a celles engendrées par nos connexions Internet. En effet, nous consommons de l'énergie pour faire fonctionner nos ordinateurs, nos tablettes ou nos smartphones. Le fonctionnement en cloud *via* Internet est aussi énergivore.

Les fabricants de matériels intègrent les contraintes liées à l'environnement et aux économies d'énergie dès la conception des produits. Il faut pour cela réfléchir de façon globale à toutes les étapes de la vie du produit : c'est l'analyse du cycle de vie.

Cycle de vie d'un produit

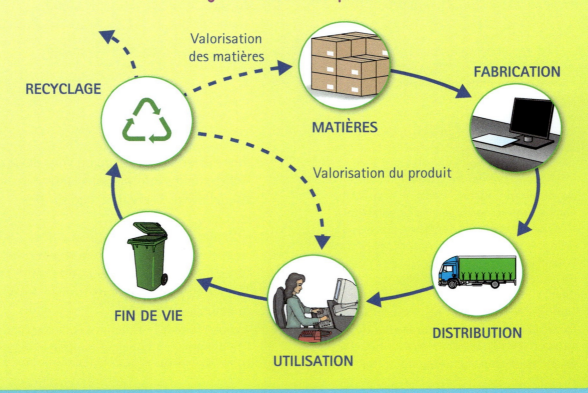

Évaluation

Traiter et stocker les informations

Attendus de fin de cycle
- Comparer et commenter les évolutions des objets et des systèmes
- Exprimer sa pensée à l'aide d'outils de description adaptés

Support 4 — Évolution des écrans

doc 1 — Le tube cathodique

Karl Ferdinand Braun invente en 1892 le premier écran fonctionnant avec un tube cathodique. Il est commercialisé en 1922 par la société Western Electric. Les tubes cathodiques se développent grâce à la télévision et à l'ordinateur. En 1976, Steve Jobs invente l'« Apple I », premier ordinateur équipé d'un écran cathodique. L'utilisation de cet écran décroît au profit des écrans plats, plus légers et plus économes en énergie.

doc 2 — L'écran plasma

La technologie plasma permet en 1964 d'obtenir davantage de couleurs et un meilleur contraste. Elle offre la possibilité de réaliser des écrans de grandes dimensions. La société Fujitsu® présente le premier écran plasma couleur en 1992, en se basant sur les travaux de Donald L. Bitzer. La marque Pioneer® le met sur le marché en 1997. Soumis à la concurrence et à la baisse de la demande, les écrans plasma ne sont plus produits depuis 2014.

doc 3 — L'écran à cristaux liquides ou LCD

Toujours en 1964, l'ingénieur G. H. Heilmeier découvre les propriétés des cristaux liquides. Ces écrans dits « LCD » *(Liquid Crystal Display)* apparaissent vers 1971. Thomson® développe en 1984 le premier écran LCD en couleur, puis Matsushita® (aujourd'hui Panasonic®) propose en 1985 un écran plat pour les micro-ordinateurs.
Sony® commercialise en 2007 l'écran LCD à rétro-éclairage LED et en 2009 l'écran OLED, toujours plus mince, avec davantage de couleurs et une moindre consommation.

doc 4 — L'écran tactile

Plus qu'un simple périphérique de sortie, c'est aussi un périphérique d'entrée. Cet écran LCD remplit la fonction d'affichage, mais également de souris et de clavier. Il a été commercialisé pour la première fois en 1983 par Hewlett-Packard®.
L'arrivée en 2007 de l'iPhone® installe durablement la technologie de l'écran tactile.

doc 5 — Le recyclage des écrans

Les écrans contiennent des métaux, du verre et des plastiques, mais aussi des matériaux polluants. Leur recyclage permet de préserver l'environnement, d'économiser les ressources naturelles et d'agir sur l'emploi. La collecte, le reconditionnement et le traitement sont encadrés par la directive 2002/96CE sur les déchets d'équipements électriques et électroniques (D3E).

1 Représentez dans un tableau les différentes lignées d'écrans en précisant : le nom des différentes technologies, les événements associés, les inventeurs, les marques, les dates, les avantages… (**docs 1** à **4**).

2 Quelles sont les trois activités principales liées au recyclage d'un écran ou d'un D3E en général (**doc 5**) ?

3 Quels sont les avantages du recyclage ?

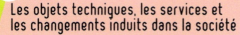

8 Communiquer

THÉMATIQUE
Les objets techniques, les services et les changements induits dans la société

Support 1 Téléphone portable
Le téléphone portable comme objet multiusage

Motorola Dyna Tac8000x

Samsung Galaxy S6 edge+

Depuis l'invention du téléphone par Graham Bell, des innovations comme l'apparition d'Internet et de la téléphonie mobile ont révolutionné le monde des télécommunications. Objet multifonction, le téléphone portable a profité des progrès techniques des appareils et des réseaux pour s'imposer de manière quasi incontournable dans notre quotidien.

> Comment l'usage raisonné du téléphone portable permet-il de répondre aux défis sociétaux et environnementaux ?

Connaître et être capable de...

- Comparer et commenter les évolutions des objets et des systèmes S1
- Impacts sociétaux et environnementaux dus aux objets. Les règles d'un usage raisonné des objets communicants S1 S2
- Élaborer un document qui synthétise ces comparaisons et ces commentaires (charte graphique, outils numériques) S1 S3

Domaines 1, 2, 3 et 5 du socle commun

Support 2 Internet
Un développement de la communication sans précédent

Le développement du réseau Internet constitue une révolution technologique majeure de la fin du XXᵉ siècle. Outil d'échange d'informations et de données, il a profondément changé nos habitudes. Grâce à ce réseau, la communication écrite et orale connaît un développement considérable. Elle s'accompagne de la création de codes et de règles d'usage, de règles de politesse, d'abréviations, mais aussi de pratiques répréhensibles ou dangereuses.

> Quelles sont les règles et les précautions du bon usage d'Internet ?

Support 3 Site Internet
Un vecteur de communication externe

 Projet

Avec les sites Internet, les messages peuvent être délivrés à travers le monde par des entreprises mais aussi par des particuliers. L'imprimerie avec des caractères mobiles, invention de Gutenberg au XVᵉ siècle, a permis la diffusion des connaissances. Inventé en 1876, le téléphone de Graham Bell a donné la possibilité à deux personnes de converser malgré la distance. Le cinéma et la télévision ont permis à des professionnels de l'image de délivrer un message à grande échelle.

> Comment réussir la création d'un site Internet ?

Thématique
Les objets techniques, les services et les changements induits dans la société

Support 1 — Téléphone portable

doc 1 — L'évolution des téléphones portables vers les smartphones

Année	Téléphone	Caractéristiques techniques - Commentaires
1983	Motorola DynaTAC 8000X	Longueur : 25 cm sans l'antenne. Poids : 783 g. Autonomie : 60 min. Temps de charge : 10 heures. Prix : 3 995 $. Recherche : 100 M$.
1996	Motorola Star TAC	Inspiré de la série télévisée *Star Trek*. Premier téléphone à clapet et à être équipé d'une fonction vibreur.
2000	Nokia 3210	Premier téléphone portable à antenne interne et possédant la fonction clavier prédictif T9. Il propose aussi des jeux comme « Snake » ou « Memory ».
2001	Sharp J-SH04	Premier téléphone équipé d'un appareil photo.
2003	Nokia 1100	Téléphone aux fonctions basiques. Succès commercial avec 200 millions d'unités vendues.
2007	iPhone d'Apple	Premier téléphone à interface multicouche. En plus de sa fonction téléphone, il permet de stocker des fichiers multimédias, de naviguer sur Internet, etc.
2009	Samsung Galaxy	Smartphone avec système Androïd.

doc 2 — L'évolution des abonnements

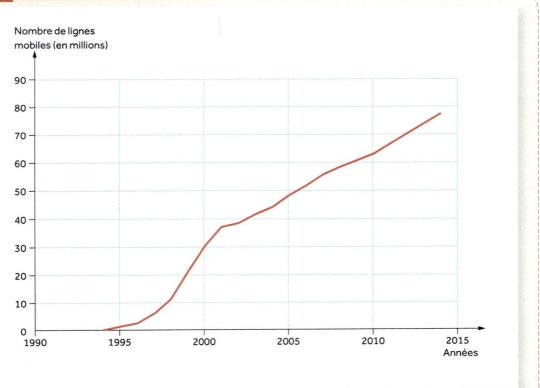

doc 3 — La nécessité du recyclage

La durée d'usage des téléphones portables est très courte alors que leur fiabilité est importante. Il s'agit d'un marché très dynamique où de nouveaux modèles sont constamment proposés avec toujours davantage d'innovations, de design et de performances. Les opérateurs favorisent le renouvellement des appareils en incluant leur achat dans le coût de l'abonnement.

Plus de 1,3 milliard de smartphones ont été vendus en 2014 et ce chiffre devrait continuer à progresser.

Les smartphones contiennent des métaux comme l'or, le tantale, le plomb, le mercure, ainsi que des terres rares nécessaires à leur fonctionnement. L'exploitation de ces minerais a un impact négatif sur l'environnement : pollution de l'air et de l'eau, dénaturation des paysages, déchets radioactifs...

La raréfaction de ces métaux impose des solutions comme le recyclage et l'allongement de la durée d'utilisation des appareils par la modification du comportement des consommateurs.

doc 4 — L'utilisation raisonnée des smartphones

L'usage immodéré du smartphone peut conduire à une addiction et entraîner des risques psychosociaux ou biologiques. Cette cyberdépendance peut conduire à de l'isolement, des insomnies, de la fatigue, de la dépression, de l'irritabilité, mais aussi à des troubles de la vision, au syndrome du tunnel carpien ou bien à des fatigues musculaires du dos, de la nuque. L'usage de ces appareils est très réglementé dans certains lieux : à l'école, au cinéma ou pendant les phases de décollage et d'atterrissage des avions, afin d'assurer la sécurité et la tranquillité des individus.

1. Repérez sur le graphique (**doc 2**) trois grandes périodes dans l'évolution des abonnements.

2. Listez, à partir du **doc 1**, les caractéristiques techniques des téléphones correspondant à ces périodes. Parmi ces caractéristiques, précisez ensuite lesquelles vous semblent des innovations majeures.

3. Recherchez l'impact des métaux lourds sur la santé (**doc 3**).

4. Faites une recherche pour expliquer pourquoi l'exploitation des terres rares a un impact négatif sur l'environnement (**doc 3**).

5. Réalisez une enquête auprès de vos camarades et de vos proches afin de déterminer les durées d'utilisation des smartphones et leurs usages. Faites un bilan par jour, puis par semaine.

6. Effectuez des recherches complémentaires : après discussion avec votre entourage, déterminez les signes d'un comportement addictif ainsi que ses symptômes (**doc 4**).

THÉMATIQUE
Les objets techniques, les services et les changements induits dans la société

Support 2 — Internet

doc 1 — La communication *via* Internet

Avec le développement des télécommunications, l'idée de communiquer directement entre ordinateurs s'est d'abord développée aux États-Unis. En 1969, ce sont les ordinateurs de quatre universités américaines qui communiquent de manière autonome. Le premier courrier électronique, envoyé par l'américain Ray Tomlinson en 1971, utilise le réseau Arpanet (réseau sous tutelle du département de la Défense américain). C'est en 1983 qu'apparaît le mot Internet, abréviation d'Inter Network, qui signifie en français « inter-réseau ». Le développement d'Internet à l'échelle mondiale commence dans les années 1990 avec le www ou World Wide Web, qui signifie littéralement « toile d'araignée mondiale », plus connu sous le nom de « web ».

Aujourd'hui, le Web permet la publication de contenus personnels ou collaboratifs, l'échange d'informations ou de fichiers. Les communications sont facilitées par les services de messageries électroniques et les messageries instantanées, ainsi que par les services téléphoniques VOIP comme Skype ou Facetime.

En 2016, on estime à 10 milliards le nombre d'appareils qui seront connectés.

doc 2 — La netiquette : bien se comporter sur Internet

La netiquette définit les règles de savoir-vivre sur Internet pour tous les utilisateurs. Le respect de la loi et d'autrui en constitue les bases. On peut, par exemple, y trouver comment communiquer correctement par courrier électronique ou sur les forums. Ce règlement est partagé par tous les pays.

doc 3 — Internet : adopter un comportement responsable

Internet fait désormais partie de notre vie. Son usage généralisé peut poser des problèmes liés à la protection de la vie privée. Comme sur tout lieu d'échange, des individus malveillants peuvent exploiter et monnayer les données personnelles des internautes les plus fragiles. Ces utilisateurs exposent parfois, de façon volontaire, leur intimité ou celle de leurs proches. Il s'ensuit des regrets et des demandes d'effacement dont l'issue est incertaine.

---

1. En effectuant des recherches sur Internet, expliquez la différence entre Internet et Web. Donnez la signification de VOIP (**doc 1**).

2. Cherchez le site : afa-france.com/netiquette.html. Décrivez les règles de bonne conduite qui s'imposent aux utilisateurs pour le courrier électronique, la messagerie instantanée (Talk), les listes de diffusion.

3. Cherchez un site approprié ou à l'adresse : jedecide.be, puis expliquez quelles attitudes adopter pour protéger son image et sa vie privée sur Internet (**doc 3**).

Communiquer 8

Support 3 — Site Internet (Projet)

Étude préalable

doc 1 — La page d'accueil : la vitrine du site

Elle est importante. Les différents éléments qui la composent donnent ou pas à l'internaute une impression de facilité à trouver l'information. Ci-dessous, la page d'accueil du site du Musée des passions et des ailes à Baden (Bretagne).

- Bannière
- Liens hypertextes
- Textes et images à l'intérieur d'un cadre (frame)

doc 2 — Un site Internet : des pages structurées

Un site est un ensemble de pages reliées entre elles. Pensée à l'avance par les concepteurs du site, la structure doit simplifier la navigation pour l'internaute.

doc 3 — L'arborescence : représenter graphiquement l'organisation

Extrait de l'arborescence du site du Musée des passions et des ailes. Lorsque vous êtes sur la page « Exposition Joseph Le Brix », vous voyez sur la barre d'adresse de votre navigateur :
http://www.museedebaden.fr/pages/expositions-permanentes/salle-joseph-le-brix.html. Le nombre de / +1 vous indique le niveau hiérarchique de la page. Pour cette page, c'est 4.

1. Après la lecture du **doc 2**, indiquez à quel moment du cycle de vie est définie la structure d'un site Internet et dans quel but.

2. Visitez le site Internet de votre collège et, en vous aidant du **doc 1**, tracez son arborescence.

3. Repérez une partie de la charte graphique de votre livre de technologie. Sur les deux pages au début de chaque chapitre, quelles sont les couleurs du bandeau supérieur ? Que met-il en valeur ? Comment chaque objet support est-il présenté : couleur et taille des polices présentant les supports et leurs usages ?

doc 4 — La charte graphique : donner une unité visuelle au site

L'identité visuelle d'un site est fondée sur les règles d'une charte graphique. Celle-ci indique les couleurs, la police et le corps des caractères, le type d'illustrations, la mise en page.

Application

Réalisez un site Internet qui explique les problèmes liés au raccourcissement du cycle de vie des produits de communication de haute technologie. Vous devez, avec la classe entière, définir les contenus. Puis, ces contenus sont répartis par groupes. Un groupe, responsable du projet, définit l'arborescence et propose à l'ensemble de la classe deux ou trois chartes graphiques. La classe en choisit une.

8 Communiquer

À retenir

Les étapes du cycle de vie d'un objet ou d'un système technique

Le cycle de vie d'un objet ou d'un système technique repose sur plusieurs étapes. Celles liées à la fin de vie du produit sont :
- la collecte ;
- le tri sélectif ;
- la valorisation ;
- le recyclage ;
- l'élimination des déchets.

L'obsolescence rapide des objets électroniques grand public entraîne des cycles de vie courts, responsables d'un gaspillage de matières premières et d'énergie. L'allongement des durées de vie et la facilitation de la réparation de ces objets peuvent améliorer positivement leur impact sur l'environnement.

L'utilisation raisonnée des objets de communication

L'utilisation des objets de communication connectés, comme les smartphones et les tablettes, doit se faire de façon raisonnée pour limiter les impacts sur la santé et garantir la qualité des relations entre internautes. L'utilisation d'Internet a ses règles ; elles sont exposées dans la « netiquette », qu'il convient de connaître et de respecter.

Le site Internet

Le site Internet est un outil permettant de faire connaître à grande échelle les produits et les services d'une entreprise, les activités d'une association, les centres d'intérêt d'un particulier. Il doit être conçu en réfléchissant aux contenus, à l'ergonomie : qualité de la navigation, qui est représentée sous forme d'arborescence, et à l'unité graphique, définie par une charte graphique.

Les sites Internet

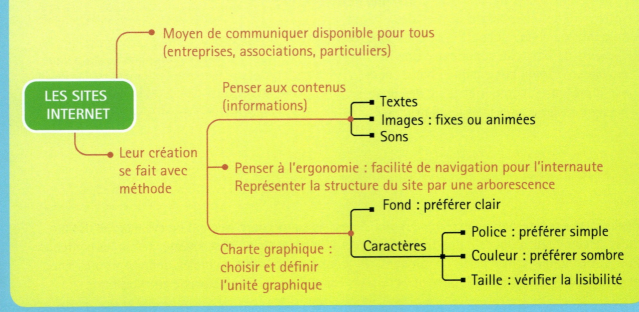

Évaluation

Communiquer 8

Attendus de fin de cycle
- Comparer et commenter les évolutions des objets et des systèmes
- Exprimer sa pensée à l'aide d'outils de description adaptés
- Développer les bonnes pratiques de l'usage des objets communicants

Support 4 Tablette

doc 1 — La tablette en tant qu'ordinateur personnel

La première tablette lancée en 1987 révolutionne l'usage du numérique, en permettant de transformer l'écriture manuscrite en caractères numériques. En 1989, la firme Samsung commercialise la GRiDPad mais son prix élevé (3 000 dollars) freine sa diffusion au plan mondial. Il faut attendre 2007 pour voir le véritable succès de l'iPhone, mini-tablette lancée par Apple. La commercialisation de l'iPad en 2010 et l'arrivée sur le marché de nombreuses marques installent définitivement la tablette comme produit grand public. Depuis 2013, la vente des tablettes enregistre des hausses au détriment des ordinateurs personnels. Elles offrent des fonctions similaires, avec des performances proches et un encombrement moindre. Grâce à la taille adaptée de leurs écrans tactiles, elles permettent un bon confort d'utilisation.
Connectée à Internet, la tablette permet d'accéder à tous les services et contenus du Web, dont la consultation et l'envoi de courriers électroniques ou la communication grâce à des applications spécifiques.

doc 2 — La tablette GRiDPad

Première tablette équipée d'un stylet

doc 3 — La tablette Archos

Un clavier peut l'équiper pour la transformer en ordinateur.

1 Expliquez en quoi la tablette est une innovation importante. Quels sont les facteurs qui ont favorisé son développement (**doc 1**) ?

2 Repérez les différences, en termes d'utilisation, entre les deux produits (**docs 2** et **3**).

3 Les objets connectés sont des produits de haute technologie qui demandent l'utilisation de matières premières particulières. Quelles sont ces matières premières et quels problèmes posent-elles ?

4 Pourquoi l'obsolescence des produits connectés est-elle rapide ? Quel comportement le consommateur peut-il adopter pour y remédier ?
Sur tablette, comme sur tout objet connecté, les usages d'Internet doivent respecter des règles de bonne conduite. Indiquez trois règles de la nétiquette que vous connaissez.

THÉMATIQUE
Les objets techniques, les services et les changements induits dans la société

9 Imiter le vivant

Support 1 Asimo
Un robot humanoïde

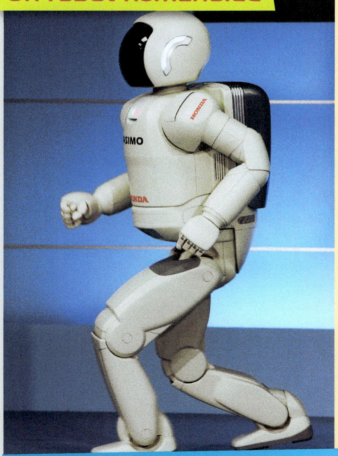

Depuis l'Antiquité, les hommes tentent de créer des machines fonctionnant seules. D'abord mécaniques, ces machines ont ensuite utilisé les progrès de l'électricité, puis de l'électronique et de l'informatique, pour constituer aujourd'hui une discipline à part entière : la robotique. Au Japon, Asimo est le fruit d'années de recherche. Il est capable de reconnaître les voix de plusieurs personnes, de modifier sa trajectoire lorsqu'il se déplace pour éviter un obstacle, d'ouvrir une bouteille. Il est dédié au service à la personne.

> *Quelles évolutions ont connu les robots et comment sont-ils perçus par les êtres humains ?*

Connaître et être capable de...

- Regrouper des objets en familles et lignées S1
- L'évolution des objets S1
- Impacts sociétaux et environnementaux dus aux objets S1 S2 S3
- Les règles d'un usage raisonné des objets communicants S2
- Charte graphique, outils numériques de présentation S3
- Exprimer sa pensée à l'aide d'outils de description adaptés S3

Domaines 2 et 5 du socle commun

Support 2 Drones
Des applications civiles

À l'origine conçus à des fins militaires, les drones sont désormais des objets à usage civil pour des missions professionnelles ou dans le cadre des loisirs.
De nouvelles professions apparaissent, dues à l'augmentation des usages.

> Quelles peuvent être les utilisations pour ces objets connectés ?

Support 3 Hector
La nature inspire les roboticiens

Projet

Pour s'adapter à leur environnement, les animaux et les plantes ont dû développer des solutions ingénieuses voire étonnantes. Depuis plusieurs années, la robotique s'intéresse aux capacités particulières de certaines espèces et essaie de les imiter. Le biomimétisme est né.

Hector, un robot insecte

> Quels domaines techniques le biomimétisme fait-il progresser ?

THÉMATIQUE
Les objets techniques, les services et les changements induits dans la société

Support 1 — Asimo

doc 1 — Des automates pour se divertir

Dès l'Antiquité, Héron d'Alexandrie crée des personnages reproduisant des actions humaines sur des scènes de théâtre. À la fin du XVe siècle, Léonard de Vinci invente le premier androïde, machine qui représente un homme coordonnant l'activité de ses membres. Au XVIIIe siècle, Jacques de Vaucanson fabrique le flûteur automate, qui joue de la flûte traversière, et le canard digérateur, capable de s'alimenter, de digérer et de rejeter ses excréments.

doc 2 — Un automate pour travailler

En 1801, Joseph Marie Jacquard met au point un métier à tisser automatisé, programmé par des cartes perforées. Premier automate industriel, ce métier met les ateliers des soyeux lyonnais en émoi car il exige moins de main-d'œuvre et les canuts (ouvriers tisserands) craignent de perdre leur emploi.

doc 3 — La création des robots

Au contraire des automates qui fonctionnent grâce à un programme préétabli (répétition d'actions indépendamment des circonstances), les robots du XXe siècle fonctionnent grâce à un programme évolutif. À l'aide de capteurs, ils collectent des informations dans leur environnement et modifient leurs actions en conséquence.

doc 4 — Des théories scientifiques

1915 : le chien robot de John Hays Hammond et Benjamin Franklin Messmer se guide grâce à la lumière. Il peut modifier sa trajectoire pour aller vers elle. Cela s'appelle une *rétroaction* (action en retour). 1946 : la cybernétique est la théorie qui préconise le travail sur les rétroactions. 1956 : la théorie de l'intelligence artificielle va donner naissance aux systèmes experts capables d'aider les hommes à prendre des décisions dans des domaines particuliers.
1990 : l'approche « animat » prend le relais. Il ne s'agit plus de créer une machine ayant le plus grand nombre de connaissances possibles, mais des robots capables d'apprendre, c'est-à-dire de s'adapter aux situations qu'ils rencontrent. C'est ce que fait Asimo.

doc 5 — Lunhokod 1, premier robot sur la lune

Lunhokod 1 foule le sol lunaire en 1970 et constitue la réponse des scientifiques soviétiques au premier homme sur la lune, qui était américain (1969, mission Apollo 11).

9 Imiter le vivant

doc 6 — Les robots industriels

Le XXe siècle voit le développement des robots à usage industriel. Le concept des 3D, « Dull, Dirty, Dumb » (ennuyeux, sale, bête) est à la base de leur développement. Ils remplacent les hommes dans des tâches pénibles. Les emplois créés ne s'adressent pas aux personnes remplacées par les robots car ils demandent davantage de qualifications.

doc 7 — Asimo, un robot issu du concept 3 E

Aujourd'hui, la robotique utilise le concept des 3 E, « Education, Entertainment, Everyday » (éducation, divertissement, quotidien). La robotique personnelle et de compagnie se développe. Ces robots peuvent avoir des formes humanoïdes, comme Asimo, ou animaloïdes, mais peuvent être aussi de simples caméras reliées à des écrans. Tous réagiront à nos gestes et devineront nos besoins. Une autre forme se développe aussi : les exosquelettes. Ils ont pour but de nous assister pour des tâches de manutention difficiles.

doc 8 — L'acceptation de l'innovation

Pour être un succès, toute innovation doit être acceptée sur différents plans :
– le plan scientifique : elle doit s'accorder avec l'état des connaissances scientifiques de son temps ;
– le plan technique : elle doit être réalisable ;
– le plan industriel : elle doit pouvoir être produite et reproduite ;
– le plan économique : elle doit être rentable pour l'industriel et d'un prix convenable pour le consommateur ;
– le plan social : elle doit être reconnue par la population.

doc 9 — L'acceptation sociale des robots

Elle diffère selon les pays. Le Japon, par exemple, concentre aujourd'hui 25 % des robots de la planète. Il y a une grande affinité de la population pour ces machines. Dans la culture nipponne, notamment au travers des mangas, on considère que les robots ont des rôles bénéfiques. La littérature occidentale et le cinéma montrent au contraire nombre d'images de robots malfaisants, qui cherchent à exercer leur domination sur les sociétés humaines.
Les robots domestiques seront les innovations du début du XXIe siècle. La population japonaise, vieillissante, a besoin de robots de compagnie. Les chercheurs nippons développent des robots ressemblant à s'y méprendre à des humains. En France, une telle ressemblance peut être un frein et l'on se demande si la relation avec un robot ne risque pas de diminuer les relations humaines authentiques entre personnes.

1. Repérez parmi les **docs** 1 à 5, les dates importantes de l'évolution des objets. Réalisez une frise chronologique pour mettre ces dates en évidence.

2. Expliquez la différence entre automate et robot (**doc 3**).

3. Expliquez avec vos propres mots les différentes théories ou approches scientifiques qui ont permis le développement de la robotique (**doc 4**). Cherchez sur Internet des images de robots permettant d'illustrer chaque théorie.

4. Recensez les différents types de robots et expliquez leurs usages (**docs 6** et **7**).

5. Expliquez les raisons qui pourraient entraver la progression du marché de la robotique en Occident. La situation est-elle la même en Orient (**docs 8** et **9**) ?

THÉMATIQUE
Les objets techniques, les services et les changements induits dans la société

Support 2 — Drones

doc 1 — Des utilisations insoupçonnées

Les drones peuvent être militaires. Ils permettent la surveillance d'un terrain d'opération, prennent des photos, de jour comme de nuit, grâce à des caméras à infrarouge. Mais ils peuvent aussi être armés et tirer des missiles. Leur emploi évite de risquer la vie de pilotes.

Ils peuvent également être à usage civil. En agriculture, ils sont utilisés pour cartographier les parcelles et définir les taux d'engrais azotés à apporter aux cultures selon les zones. Cela évite d'utiliser trop d'engrais et rend service à l'environnement.

En Bavière (Allemagne), des drones sont utilisés pour repérer les faons dans les champs, avant la moisson. Grâce à leur utilisation, les faons peuvent être repérés et mis à l'abri des moissonneuses. Les colis postaux seront bientôt livrés par des drones ; des entreprises font actuellement des essais en ce sens. Enfin, les drones sont achetés par des particuliers pour leurs loisirs.

doc 2 — Des drones humanitaires

Testés à Haïti et en République dominicaine, ils apportent de l'aide humanitaire dans des zones difficilement accessibles par voie terrestre.

doc 3 — Le métier de télépilote

La France est le premier pays à avoir autorisé l'utilisation de drones civils. Mais un drone ne peut pas être piloté par n'importe qui. Depuis 2012, le brevet d'aptitude de télépilote est nécessaire pour piloter un drone.

doc 4 — Une utilisation réglementée

Un drone n'est pas un objet comme les autres. Son utilisation est réglementée par la Direction générale de l'aviation civile. Le non-respect de ce règlement est répréhensible.

---

1. Quelles sont les différentes utilisations des drones (**docs 1** et **2**) ?
2. Cherchez sur Internet des exemples d'utilisation de drones dans les domaines du cinéma, de l'agriculture, de l'environnement et de l'humanitaire.
3. À quelle évolution professionnelle l'utilisation des drones civils aboutit-elle (**doc 3**) ?
4. Sur Internet, cherchez et lisez le règlement d'utilisation des drones. Copiez ses règles sur votre ordinateur et illustrez chacune d'elles d'un dessin ou d'un logo permettant de la comprendre rapidement (**doc 4**).

Support 3 — Projet Hector

Étude préalable

doc 1 — Hector : un insecte l'a inspiré

Hector est un hexapode inspiré de l'insecte appelé « phasme ». Son exosquelette est fait de plastique renforcé par du carbone. Ses six pattes légères sont capables de mouvements souples et sont indépendantes les unes des autres. Cela lui permet d'adapter sa marche sur tous types de terrains. Le sous-système composant chaque patte est capable de communiquer avec les autres, pour que le robot n'ait jamais cinq pattes en l'air en même temps et qu'il ne soit pas déséquilibré sur des terrains complexes. Il peut transporter de lourdes charges. Des applications pour le transport ou le sauvetage en terrain accidenté pourraient s'en inspirer.

doc 2 — Hector, robot tout terrain

Ses six pattes articulées lui permettent de franchir un obstacle sans perdre l'équilibre.

doc 3 — Des progrès dans différents domaines

Le biomimétisme permet des progrès dans plusieurs domaines. Ainsi, par exemple :
– les matériaux : c'est en imitant la structure de la peau des geckos que l'on a pu créer des matériaux qui permettent aux robots de s'agripper à toutes les parois ;
– la mécanique : les oiseaux et les insectes peuvent voler en optimisant leurs dépenses d'énergie. Les mouvements de leurs ailes sont des modèles pour de nombreux robots ;
– les sciences du comportement : par exemple, comment un animal adapte-t-il sa marche lorsqu'il est blessé ? Des modèles mathématiques sont créés pour reproduire cette adaptation qui pourrait être nécessaire à certains robots.

1. Quelles sont les caractéristiques physiques d'Hector (**doc 1**) ?
2. Pourquoi est-il le fruit des recherches en biomimétisme ? De quel domaine particulier dépend-il (**docs 1**, **2** et **3**) ?
3. Pour quelles applications pourrait-on l'utiliser dans le futur (**doc 1**) ?

Application

4. Réalisez un livre numérique. Il comportera en introduction les trois lois de la robotique d'Asimov, recherchées préalablement sur Internet.

5. Chaque groupe choisira ensuite un robot issu des recherches en biomimétisme, qui fera l'objet d'un chapitre du livre. Chaque chapitre sera structuré de la même façon :
– une présentation du robot : caractéristiques physiques (poids, taille, matériaux…) ;
– une image ou une vidéo le montrant en action ;
– une explication concernant l'élément naturel dont ses concepteurs se sont inspirés et le domaine technique auquel cela correspond ;
– le ou les services qu'un tel robot pourrait rendre.
Vous devrez définir la charte graphique du livre, avant de commencer sa fabrication.

9 Imiter le vivant

À retenir

● La robotique

La robotique est une technologie moderne qui a néanmoins une longue histoire. Depuis l'Antiquité, l'homme essaie de reproduire le vivant. Après les automates, machines mécaniques qui agissent selon un programme défini, le XXe siècle voit apparaître les robots, machines capables d'agir en fonction des informations captées autour d'elles.

● Les différentes théories ou approches

La **cybernétique** définit ce qu'est un robot. L'**intelligence artificielle** produit des systèmes d'aide à la décision. L'**approche « animat »** permet la création des robots actuels, capables de s'adapter à leur environnement.

● Le biomimétisme prend exemple sur le vivant

Le biomimétisme étudie le monde animal et tente d'imiter ses singularités en créant des matériaux, des formes, des mouvements, qui sont le fruit de l'adaptation des espèces sur de longues périodes.

● L'acceptation sociale

Pour connaître un succès commercial, tout produit, doit être accepté socialement. En France, le public est sceptique vis-à-vis des robots. Plusieurs facteurs l'expliquent :
• des facteurs culturels : la littérature occidentale a produit de nombreux romans dans lesquels les robots ont un rôle malfaisant et où ils souhaitent prendre le pouvoir sur les humains ;
• des facteurs économiques : les robots industriels ont remplacé des emplois peu qualifiés et les emplois créés demandent des compétences différentes ;
• des facteurs démographiques : dans des pays à démographie positive, on peut préférer développer des emplois d'assistant de vie plutôt que de déléguer ces tâches à des robots.
Cependant, les robots peuvent avoir des usages civils importants : recherche de victimes, dépôt d'aide humanitaire dans des zones difficiles d'accès, aide à l'agriculture et à l'environnement.

Synthèse sur les robots

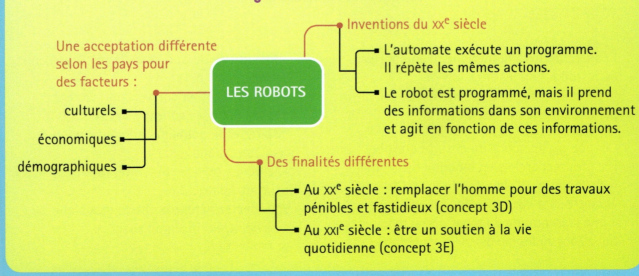

Évaluation

Imiter le vivant 9

Attendus de fin de cycle
- Comparer et commenter les évolutions des objets et des systèmes
- Exprimer sa pensée à l'aide d'outils de description adaptés
- Développer les bonnes pratiques de l'usage des objets communicants

Support 4 — Nao, le petit robot

doc 1 — Un humanoïde intelligent

Nao est un robot humanoïde de 58 cm, lancé par la société française Aldebaran en 2006. Véritable star dans le monde de l'éducation, il a d'abord conquis les classes du primaire puis l'université avant sa commercialisation grand public. Doté d'une technologie très performante, il peut se déplacer, entendre, reconnaître la voix d'une personne et parler.
Sa forme humanoïde et sa capacité à interagir lui confèrent une image de gentillesse, créatrice d'attachement et d'émotions chez ses utilisateurs.

doc 2 — Deux robots Nao de la société Aldebaran

doc 3 — Un compagnon utile et attachant

Le comportement de Nao est évolutif grâce à la possibilité de programmation et au développement d'applications adaptées. Sa mobilité et son interactivité lui permettent de remplir plusieurs fonctions, notamment dans le domaine domestique. Aide à la personne (compagnon de personnes âgées ou malades d'Alzheimer), assistance à l'éducation (aide aux devoirs des enfants), surveillance de la maison sont des missions qu'il peut accomplir.
L'utilisation des robots se heurte néanmoins à des obstacles techniques au niveau de l'autonomie des batteries et de la fiabilité, mais la recherche avance.
L'évolution rapide dans le domaine de la robotique humanoïde pose des questions légitimes de limites psychologiques (affaiblissement des liens sociaux et familiaux, par exemple).

1 À partir de quelle théorie ou approche scientifique les concepteurs de Nao ont-ils travaillé ?

2 En plus de sa forme, expliquez en quoi Nao est un robot humanoïde (**docs 1** et **2**).

3 Donnez au moins trois services différents que peut rendre Nao (**doc 3**).

4 Pourquoi l'usage d'un robot humanoïde peut-il rencontrer des réticences (**doc 3**) ?

La modélisation et la simulation des objets et des systèmes techniques

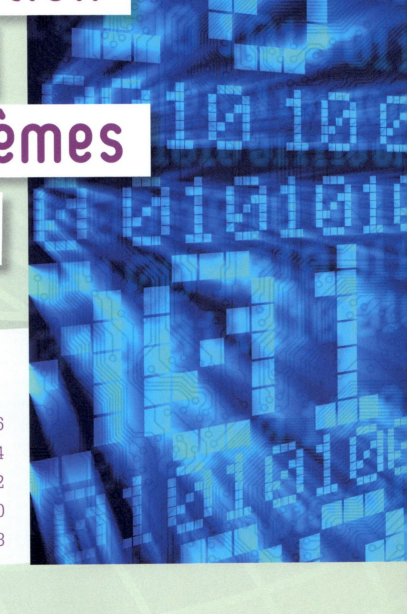

Dans cette thématique, je vais...

Découvrir le fonctionnement d'objets techniques	86
Analyser un système	94
Modéliser des données	102
Modéliser un fonctionnement	110
Simuler pour valider des idées	118

Maillage 3 D d'un visage et d'un torse humains.

THÉMATIQUE
La modélisation et la simulation des objets et des systèmes techniques

10 Découvrir le fonctionnement d'objets techniques

Support 1 — Pont Chaban-Delmas
Un pont levant à Bordeaux

Pour franchir des obstacles, l'homme, depuis longtemps, construit des ponts. Ils permettent le franchissement de cours d'eau, de voies de communication, de vallées. L'évolution de la technologie des ponts permet aujourd'hui de réaliser des travées mobiles de plus en plus longues.

> Quelle solution technique a été choisie pour lever la travée centrale ?

> **Connaître et être capable de...**
> - Associer des solutions techniques à des fonctions (analyse fonctionnelle systémique) S1 S2
> - Analyser le fonctionnement et la structure d'un objet (représentation fonctionnelle, chaîne d'énergie, chaîne d'information) S1 S2 S3
> - Identifier les matériaux, les flux d'énergie et d'information sur un objet S1 S2
> - Décrire le fonctionnement d'un objet (outil de description) S1 S2 S3
>
> Domaines 1 et 4 du socle commun

Support 2 — SelfPower
Un robinet d'eau automatique qui économise l'énergie

Le robinet automatique est un appareil qui permet d'arrêter l'écoulement de l'eau à l'aide d'une cellule de détection infrarouge, qui repère la présence physique d'une main ou d'un objet sous son rayon.

> Comment ce robinet permet-il d'économiser de l'eau ?

Support 3 — The Ring
Une sonnette sans fil et connectée

Projet

Lorsque l'on souhaite avertir une personne de notre présence sur le seuil de sa porte, on utilise une sonnette. Différents modèles existent, de la sonnette mécanique à la sonnette électrique. Aujourd'hui, la sonnette se modernise et devient elle aussi un objet connecté. Surveillance, alarme, visiophone, ces fonctions deviennent de plus en plus complexes.

> De quelles fonctions techniques dispose cette sonnette ?

THÉMATIQUE
La modélisation et la simulation des objets et des systèmes techniques

Support 1 — Pont Chaban-Delmas

doc 1 — Le pont levant

D'une longueur de 433 m, le pont en béton comporte une travée centrale encadrée par quatre pylônes de 77 m de haut. Dans chaque pylône, un système de poulies et de contrepoids permet de faire monter la travée levante pesant près de 2 750 tonnes. Un passage navigable de 53 m de hauteur pour les paquebots et grands voiliers est alors disponible.

doc 2 — La travée centrale en position haute

doc 3 — Les pylônes

Dans chacun des quatre pylônes du pont, un système de câbles en acier relié d'un côté à la travée et, de l'autre, à de lourds contrepoids s'enroule sur les poulies. Ce mécanisme est actionné depuis le poste de commande sur la rive droite et mis en marche par des moteurs et des treuils placés dans les embases du pont.

doc 4 — Le système à l'intérieur des pylônes

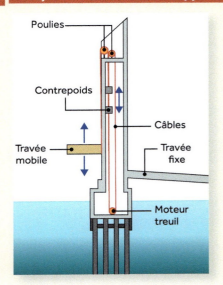

doc 5 — Le principe et les avantages des poulies simple, double ou triple

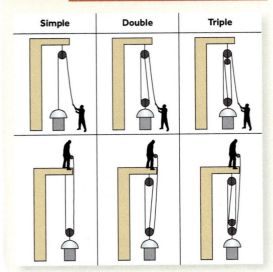

1. Réalisez un croquis du pont et indiquez les matériaux pour chacun de ses éléments (**docs 1** et **2**).

2. Sachant qu'un car scolaire vide pèse 12 tonnes environ, combien de cars faut-il pour obtenir le poids de la travée centrale du pont (**doc 1**) ?

3. Expliquez les différentes étapes permettant à la travée centrale de monter (**doc 4**).

4. En vous appuyant sur le **doc 5**, expliquez pourquoi un système à plusieurs poulies a été choisi.

Support 2 SelfPower

doc 1 — Le robinet automatique SelfPower

Il utilise deux technologies conjointes qui permettent des économies d'eau et d'électricité. Ce système est d'une part équipé d'un capteur à infrarouge situé à l'extrémité du robinet. La détection précise de la présence des mains permet de dispenser le minimum d'eau nécessaire. D'autre part, il possède à sa base, sous le lavabo, d'une microturbine qui transforme l'énergie hydraulique en électricité afin d'alimenter le capteur à infrarouge.

doc 2 — La description détaillée du fonctionnement du robinet

L'utilisateur approche sa main du robinet. Le microcapteur détecte une présence et demande l'ouverture de la vanne. L'eau remonte puis arrose les mains.

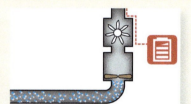

Le système avant l'ouverture : la batterie du microcapteur est chargée.

Une présence est détectée, la microbatterie fournit l'énergie à l'ouverture de la vanne. L'eau sous pression remonte dans le conduit.

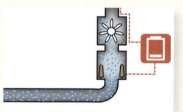

La vanne est ouverte, l'eau remonte et actionne la turbine du générateur qui recharge la microbatterie.

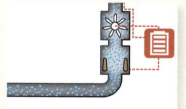

La batterie est chargée pour la prochaine utilisation. La vanne se referme dès que le capteur ne détecte plus de présence.

---

1. À partir du **doc 2**, décrivez brièvement le fonctionnement du système avec vos propres termes.

2. Dessinez le schéma de la chaîne d'énergie et de la chaîne d'information permettant de décrire le fonctionnement du système.

3. Expliquez le fonctionnement du capteur à infrarouge (**doc 1**). Citez d'autres systèmes pouvant utiliser le même type de capteur.

4. Quels matériaux peuvent être utilisés pour fabriquer la turbine ? Argumentez votre réponse.

THÉMATIQUE
La modélisation et la simulation des objets et des systèmes techniques

Support 3 The Ring — Projet

Étude préalable

doc 1 — La sonnette The Ring

The Ring est à l'origine une simple sonnette connectée. Elle permet de reconnaître qui se tient devant la porte. Afin de la rendre plus attractive, le fabricant lui a rajouté plusieurs fonctions complémentaires. Une application pour téléphones et tablettes a également été créée afin d'accéder à toutes ces fonctions.

doc 2 — Le système The Ring installé sur un seuil de porte

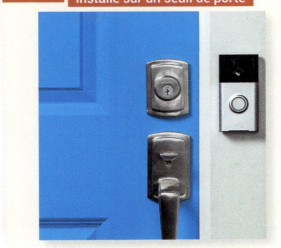

doc 3 — La présentation de l'application dédiée The Ring

doc 4 — Les fonctionnalités décrites par le fabricant du produit The Ring

Accès mobile
Via l'application dédiée, on peut recevoir des alertes instantanées lorsque quelqu'un sonne à votre porte ou qu'un mouvement est détecté. Vous pouvez voir et parler avec les visiteurs, où que vous soyez, en utilisant votre smartphone. Les enregistrements des alertes sont également disponibles.

Détection de mouvement
Partant du principe que tout le monde ne sonne pas forcément aux portes, nous avons inclus des capteurs de mouvement pour vous avertir d'une présence à votre domicile. Tout mouvement déclenche une alerte *via* l'application et active la caméra HD qui dispose d'un mode nocturne.

Installation facile
The Ring fonctionne sur une batterie longue durée rechargeable par USB. Il vous suffit ensuite de connecter la sonnette à votre réseau wifi en utilisant l'application, puis de fixer l'appareil en utilisant les outils inclus dans le package.

Découvrir le fonctionnement d'objets techniques 10

Application

doc 5 — La description de la sonnette connectée The Ring

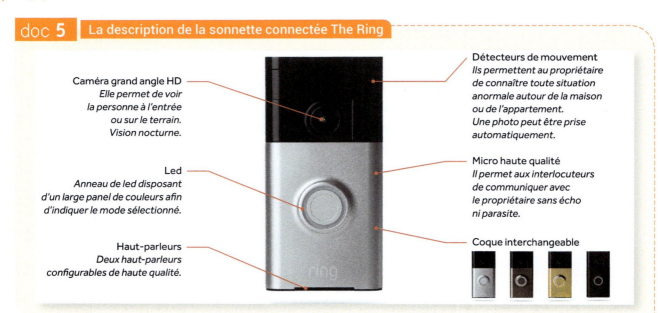

Caméra grand angle HD
Elle permet de voir la personne à l'entrée ou sur le terrain. Vision nocturne.

Led
Anneau de led disposant d'un large panel de couleurs afin d'indiquer le mode sélectionné.

Haut-parleurs
Deux haut-parleurs configurables de haute qualité.

Détecteurs de mouvement
Ils permettent au propriétaire de connaître toute situation anormale autour de la maison ou de l'appartement. Une photo peut être prise automatiquement.

Micro haute qualité
Il permet aux interlocuteurs de communiquer avec le propriétaire sans écho ni parasite.

Coque interchangeable

doc 6 — La chaîne d'énergie simplifiée

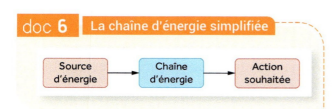

doc 7 — La chaîne d'information simplifiée

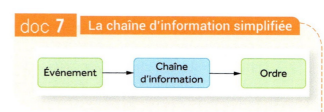

1. Quelle est la fonction d'usage de la sonnette The Ring (**docs** 1 et 2) ?

2. Dessinez sur un croquis à main levée la sonnette connectée, en indiquant la fonction technique de chaque élément (**doc** 5).

3. Un ami se présente sur le seuil de votre porte et sonne. Décrivez la situation, étape par étape, sous la forme d'un court texte réutilisant les termes employés dans la réponse à la question 1 (**docs** 3 et 4).

4. Un livreur se présente sur le seuil de la porte pour apporter un colis mais le propriétaire est absent. Décrivez la situation, étape par étape, sous forme de vignettes de bande dessinée (**docs** 2, 4 et 7).

5. Il fait nuit, les propriétaires dorment. Un individu avance discrètement vers la maison. Décrivez, à l'aide d'un schéma simple, étape par étape, comment la sonnette connectée va réagir (**docs** 4 et 5).

6. Pourquoi la coque est-elle interchangeable ?

7. Dessinez la chaîne d'énergie du système à l'aide du **doc** 6.

8. Listez les informations qui circulent entre la sonnette connectée et un smartphone (**docs** 4 et 5).

9. Présentez cette liste sous la forme d'un croquis indiquant dans quelle direction circulent les informations.

10. Dessinez la chaîne d'information en reproduisant le schéma du **doc** 7 pour décrire le fonctionnement de la sonnette connectée.

10 Découvrir le fonctionnement d'objets techniques

À retenir

Les différentes sources d'énergie et leur utilisation

L'énergie musculaire : l'action d'un homme ou d'un animal.	L'énergie thermique : la combustion de la chaleur.	L'énergie électrique : le courant électrique.
L'énergie solaire : le rayonnement du soleil.	L'énergie hydraulique : la force de l'eau.	L'énergie éolienne : le vent.

Une énergie est rarement utilisée brute dans un système technique. Elle est très souvent transformée en une autre énergie pour s'adapter à l'action souhaitée. Pour représenter ces transformations, on utilise un schéma appelé « chaîne d'énergie ».

Les informations

Pour fonctionner de manière autonome, un objet technique doit acquérir des données, les analyser et donner des consignes pour réagir en fonction des événements reçus. Pour décrire le parcours des données, on utilise la « chaîne d'information ».

Les matériaux

Lors de l'élaboration d'un objet technique, les concepteurs choisissent avec soin les matériaux utilisés. En effet, ceux-ci ont des propriétés différentes en fonction de leur aspect, de leur couleur et de leurs propriétés physiques et chimiques.

Les formes de descriptions

Pour décrire le principe de fonctionnement d'un objet technique, plusieurs méthodes existent :
– la description orale : présentation dans un exposé ;
– la description visuelle : texte, croquis, schémas, photos, vidéos et dessins avec des légendes ;
– la description réelle : démonstration du fonctionnement de l'objet en le présentant ou à l'aide de logiciels de simulation.

Les questions à se poser lors de l'étude d'un objet technique

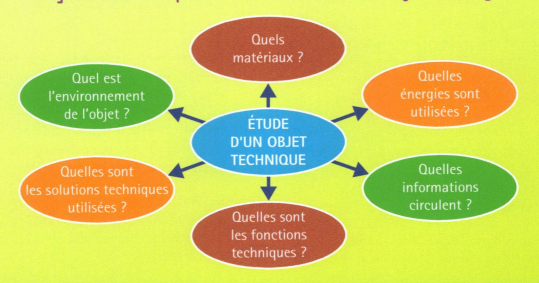

Évaluation

Découvrir le fonctionnement d'objets techniques — 10

📍 Attendus de fin de cycle
- Analyser le fonctionnement et la structure d'un objet technique

Support 4 — Skateboard électrique

doc 1 — La présentation

Le skateboard électrique représente une évolution technique de la planche à roulettes classique. Il est utilisé comme moyen de déplacement ou pour réaliser des figures. L'ajout de la fonction motorisée permet à la planche d'être propulsée par un moteur électrique à haute puissance et donc de parcourir de plus grandes distances à l'allure voulue. Une télécommande est disponible pour agir sur le moteur.

doc 2 — Les options du skateboard

1. Décomposez le skateboard en cinq grandes parties et identifiez les pièces de chaque partie (**docs 1** et **2**).

2. Identifiez les fonctions techniques remplies par chaque partie et dessinez la représentation fonctionnelle du skateboard.

3. Identifiez les matériaux qui sont utilisés pour chaque pièce. Expliquez le choix du concepteur.

4. Dessinez la chaîne d'information à partir de la télécommande.

5. Dessinez la chaîne d'énergie du skateboard.

Pour aller plus loin
http://evolveskateboards.fr

THÉMATIQUE
La modélisation et la simulation des objets et des systèmes techniques

11 / Analyser un système

Support 1 — Téléphone Youm de Samsung
Un écran flexible

> Quelles sont les propriétés de ce matériau prometteur ?

L'évolution de la technologie oblige aujourd'hui à fabriquer des téléphones portables plus performants, plus légers, plus fins et plus solides. Ces performances sont dues à de nouveaux matériaux possédant des caractéristiques particulières.

En effet, certains des matériaux qui composent un téléphone peuvent présenter des inconvénients : le verre est rigide et transparent mais il n'offre pas une bonne résistance en cas de chute ; le cuivre est un bon conducteur électrique mais il peut s'oxyder au contact du dioxygène de l'air. Un nouveau matériau, le graphène, permet de pallier ces problèmes.

> **Connaître et être capable de...**
> - Identifier les matériaux, les flux d'énergie et d'information sur un objet technique et décrire les transformations qui s'opèrent
>   - Familles de matériaux avec leurs principales caractéristiques S1 S3
>   - Sources d'énergie S2 S3
>   - Chaîne d'énergie S2
>   - Chaîne d'information S2

Domaine 4 du socle commun

Support 2 Exosquelette Hal
Un exosquelette pour l'aide au quotidien

Se lever, marcher, soulever des charges... Les besoins sont nombreux pour les personnes souffrant d'un handicap moteur. Les exosquelettes motorisés semblent être l'une des solutions permettant de répondre à leurs besoins.

> **Comment un exosquelette fonctionne-t-il ?**

Support 3 Maison passive
La déperdition thermique

Projet

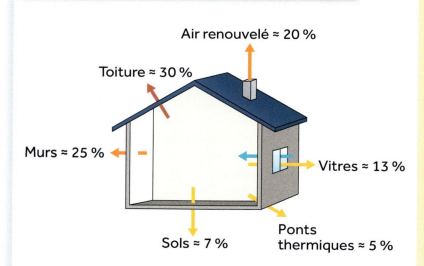

- Air renouvelé ≈ 20 %
- Toiture ≈ 30 %
- Murs ≈ 25 %
- Vitres ≈ 13 %
- Sols ≈ 7 %
- Ponts thermiques ≈ 5 %

La chaleur s'échappe à 30 % par la toiture et les combles, à 25 % par les murs, de 10 à 15 % par les fenêtres et de 7 à 10 % par le sol. En plein hiver, pour notre confort et afin de réduire les factures d'électricité, il est préférable que cette chaleur soit gardée à l'intérieur de la maison.

Pertes de chaleur d'une maison individuelle non isolée

> **Comment remédier à cette perte de chaleur ?**

THÉMATIQUE
La modélisation et la simulation des objets et des systèmes techniques

Support 1 — Téléphone Youm de Samsung

doc 1 — Les propriétés du graphène, un matériau d'avenir

Le graphène possède plusieurs propriétés :
- flexibilité ;
- passage de la lumière ;
- résistance et légèreté supérieures à l'acier ;
- résistance à la chaleur ;
- conduction de l'électricité et de la chaleur.

doc 2 — L'écran en graphène

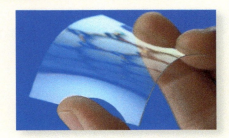

doc 3 — Le téléphone Youm de Samsung

Le téléphone Youm est un prototype de la marque Samsung. Il possède un écran complètement flexible et quasiment incassable. L'écran peut se déformer dans tous les sens et même se replier sur lui-même sans se casser. Il peut s'adapter à n'importe quel type de support (tablette, phablette, montres…).

doc 4 — La liste des matériaux composant un téléphone portable

Selon une étude de l'Ademe sur les téléphones portables de deuxième génération, les téléphones sont composés de 34 % de plastiques, 10 % de cuivre, 9 % d'acier, 7 % d'étain et 5 % de fibre de verre.

* EPDM : éthylène, propylène-diène monomère
**PC : polycarbonate
*** PVC : polychlorure de vinyle

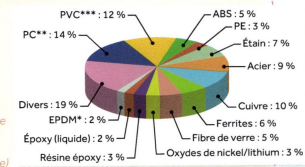

Composition d'un téléphone portable selon l'Agence de l'environnement et de la maîtrise de l'énergie (Ademe)

PVC*** : 12 % — ABS : 5 %
PC** : 14 % — PE : 3 %
— Étain : 7 %
— Acier : 9 %
Divers : 19 % — Cuivre : 10 %
EPDM* : 2 % — Ferrites : 6 %
Époxy (liquide) : 2 % — Fibre de verre : 5 %
Résine époxy : 3 % — Oxydes de nickel/lithium : 3 %

---

1. Citez les différentes propriétés mécaniques du graphène (**doc 1**).

2. Dans la téléphonie, à quel besoin les propriétés du graphène peuvent-elles répondre ?

3. Citez d'autres domaines d'applications où le graphène pourrait être utilisé pour ses propriétés (**docs 1** et **3**).

4. Classez les différents matériaux qui composent le téléphone portable de 2ᵉ génération, selon leurs propriétés mécaniques (**doc 4**).

5. Dans la composition du téléphone portable, quels matériaux peuvent remplacer le graphène par leurs propriétés (**docs 1** et **3** et Fiche sur les matériaux) ?

Pour aller plus loin

www.futura-sciences.com/magazines/matiere/infos/actu/d/graphene-ecran-flexible-graphene-plus-simple-afficheurs-souples-55265/
www.alsetic.fr/blog/quels-materiaux-composent-mon-telephone-portable

Analyser un système 11

Support 2 — Exosquelette Hal

doc 1 — La présentation de l'exosquelette Hal

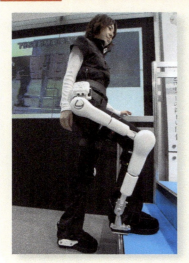

L'exoquelette Hal (*Hybrid Assistive Limb* : membre d'assistance hybride) est une combinaison robotique. Elle se positionne sur les membres d'une personne âgée ou d'un handicapé léger pour favoriser ses gestes quotidiens.

L'exosquelette est doté :
– d'une batterie de 2 h 40 à 5 heures d'autonomie, délivrant un courant alternatif de 100 V ;
– de capteurs bioélectriques qui captent les impulsions électriques émises par le cerveau pour activer plusieurs muscles ;
– d'un ordinateur qui traite les signaux électriques émis par les capteurs pour activer les actionneurs qui effectueront les articulations mécaniques ;
– d'actionneurs ou de micromoteurs qui s'activent pour effectuer les mouvements voulus par l'utilisateur : marcher, monter des escaliers, soulever une charge...

doc 2 — Les éléments de l'exosquelette Hal 3

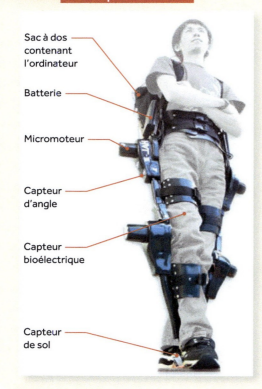

Sac à dos contenant l'ordinateur
Batterie
Micromoteur
Capteur d'angle
Capteur bioélectrique
Capteur de sol

1. Quelle est la source d'énergie utilisée pour alimenter les différents éléments de l'exosquelette (**doc 1**) ?

2. Comment cette énergie est-elle stockée (**docs 1** et **2**) ?

3. Quel élément permet de transformer cette énergie en énergie mécanique ?

4. Comment l'exosquelette parvient-il à activer les articulations mécaniques à la demande de l'utilisateur (**doc 1**) ?

5. Énoncez la fonction technique de chaque élément du système exosquelette (**doc 2**).

6. Réalisez le diagramme de la chaîne d'énergie et de la chaîne d'information de l'exosquelette (**doc 2** et Fiche ressources sur la chaîne d'information et chaîne d'énergie).

Pour aller plus loin
www.lesnumeriques.com/robot/exosquelettes-motorises-premieres-etapes-avant-iron-man-a1663.html

THÉMATIQUE
La modélisation et la simulation des objets et des systèmes techniques

Support 3 — Maison passive
Projet

Étude préalable

doc 1 — La thermographie de deux maisons

Cette image a été prise en hiver à l'aide d'une caméra thermique. Celle-ci permet de visualiser les différences de température grâce à un code couleur. La température extérieure est de 2 °C. D'après le thermomètre, les pièces intérieures de la grande et de la petite maison sont chauffées à 23 °C.

doc 2 — Le transfert thermique et le flux de chaleur

Dans un échange de chaleur entre deux corps, le corps le plus chaud cède de l'énergie (sous forme de chaleur) au corps le plus froid. Cet échange de chaleur est appelé « transfert thermique ». Lorsqu'il y a un transfert thermique à travers un corps, ce transfert est appelé « flux de chaleur ».

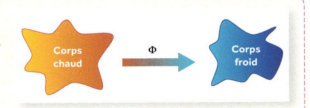

doc 3 — Les modes de transfert thermique

Il existe trois modes de transfert thermique.

1. Transfert thermique par conduction
La conduction est le moyen par lequel la chaleur passe d'un corps à un autre par contact physique direct.

2. Transfert thermique par convection
La convection est le mode de transfert de chaleur entre une paroi et un « fluide » en mouvement. Les corps du fluide (par exemple l'air) se déplacent et emmènent avec eux la chaleur qu'ils contiennent.

3. Transfert thermique par rayonnement
Il s'agit d'un transfert de chaleur sans support matériel, entre deux surfaces séparées par un milieu transparent. L'agent responsable de ce transfert est le rayonnement électromagnétique.

doc 4 — Le fonctionnement d'un isolant thermique

Une bonne isolation thermique dans une maison est le fait de *minimiser les transferts thermiques afin de conserver la chaleur*. L'air, s'il est sec et immobile, est l'un des meilleurs isolants thermiques. Le principe des matériaux isolants est donc de piéger de l'air pour éviter qu'il ne se déplace, et ainsi de transmettre de la chaleur. Isoler une maison revient donc à retenir la chaleur dans la maison.

Analyser un système 11

doc 5 — Exemples de conductivité thermique d'un matériau

Matériau	Conductivité thermique λ (W/m.K)	Épaisseur (m)	Résistivité thermique R (m².K/W) R = épaisseur/λ
Air	0,0262	x	x
Polystyrène extrudé	0,03	0,15	5
Ouate de cellulose	0,035 à 0,04	0,15	3,75 à 4,28
Laine de chanvre	0,04	0,15	3,75
Bois	0,12 à 0,23	0,15	0,65 à 1,25
Cuivre	380	0,15	~0

Application

doc 6 — La maison passive

Une maison passive est un concept de maison qui consomme très peu d'énergie et qui utilise aucun moyen de chauffage conventionnel pour réchauffer les pièces de la maison, mais la chaleur apportée par les rayons du soleil. Elle propose généralement une très bonne isolation qui offre une étanchéité à l'air afin de minimiser les transferts thermiques. La chaleur est ainsi conservée dans la maison. La circulation d'air peut se faire grâce à un système de puits canadien. L'air est récupéré de l'extérieur, puis passe par un conduit sous-terrain qui permet de réchauffer l'air en hiver ou le rafraîchir en été. Cet air est ensuite réinjecté dans la maison.

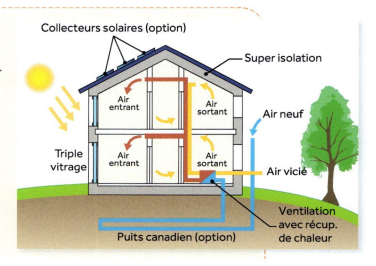

1. Quelle est la problématique de la maison située à droite du texte (**doc 1**) ?

2. Quel type de transfert thermique est mis en évidence par la thermographie de cette maison (**docs 1, 2** et **3**) ?

3. Quel est le meilleur des isolants (**docs 4** et **5**) ?

4. Quelle solution apporter pour répondre à la problématique ? Proposez un schéma légendé (**docs 1** et **4**).

5. Quelle est l'énergie d'entrée et de sortie d'un système de puits canadien (**doc 6**) ?

6. D'où vient la chaleur d'une maison passive ? Comment est-elle conservée (**doc 6**) ?

7. Chaque groupe d'élèves réalise la maquette d'une maison passive :
   – chaque maquette est composée de différents isolants ;
   – un test de conductivité thermique sera effectué afin de déterminer la maison qui isole le mieux la chaleur ;
   – des affiches seront conçues pour présenter les caractéristiques de la maison.

Pour aller plus loin
www.ecothermone.fr/construction-maison-passive-aquitaine.php5

11 Analyser un système

À retenir

● Les caractéristiques des matériaux

Un matériau est défini selon cinq caractéristiques :
- sa conductivité électrique : capacité à conduire l'électricité. Le cuivre a une bonne conductivité électrique. Un matériau qui a une mauvaise conductivité électrique est appelé un « isolant électrique » ;
- sa conductivité thermique : capacité à conduire la chaleur ;
- sa résistance mécanique : capacité à résister aux contraintes mécaniques comme les chocs, la compression, la traction, la torsion ;
- sa masse ;
- son opacité ou sa transparence.

● La chaîne d'information

Les trois fonctions principales d'une chaîne d'information sont :
- capter : l'information est reçue puis renvoie un signal électrique à un ordinateur ou à un microprocesseur ;
- traiter : l'ordinateur ou le microprocesseur traite l'information afin d'activer des actionneurs ;
- transmettre : la transmission des signaux électriques (exemple : câbles électriques).

● La chaîne d'énergie

Les deux fonctions principales d'une chaîne d'énergie sont :
- convertir : convertir l'énergie électrique en énergie mécanique (moteur) ;
- transmettre : l'énergie mécanique est transmise par un mécanisme (pignon, roue dentée…).

Caractéristiques des matériaux

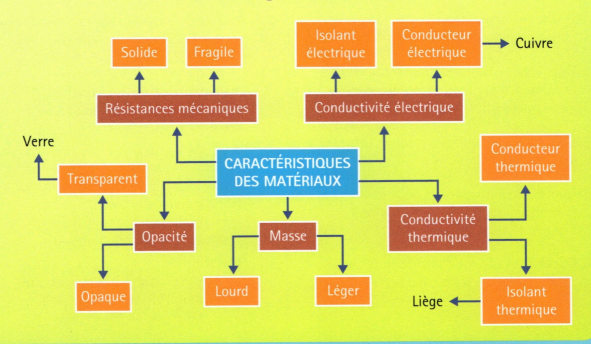

Évaluation

Analyser un système 11

📍 Attendus de fin de cycle
- Analyser le fonctionnement et la structure d'un objet technique

Support 4 — Domespace

doc 1 — La maison Domespace

La maison Domespace est une maison fabriquée entièrement en bois et qui tourne sur elle-même autour d'un axe. Elle permet de suivre la course du soleil afin de recevoir la lumière et la chaleur toute la journée ou de changer d'orientation visuelle. L'isolation est assurée par du liège déposé en vrac dans les murs. Des panneaux solaires peuvent être installés pour produire de l'électricité.

doc 2 — Le fonctionnement de la rotation de la maison

La rotation de la maison se fait à l'aide d'un motoréducteur triphasé d'une puissance nominale de 370 W à vitesse variable intégrée avec un arbre de sortie axiale et orthogonale, fixé aux fondations grâce à une platine en acier. Un boîtier électronique permet le choix de la vitesse de rotation.
La transmission est faite par un système pignon-chaîne entraînant la couronne qui permet la rotation de la maison.
Deux capteurs de fin de course sont installés pour détecter les positions limites.
La commande de la rotation de la maison se fait grâce à une télécommande, une tablette ou un interrupteur.

- Couronne
- Chaîne
- Pignon
- Moteur

---

1. Quel élément permet de convertir l'énergie électrique en énergie mécanique de rotation (**doc 2**) ?

2. Par quel moyen est fixé le moteur et pourquoi avoir utilisé ce matériau ? Énoncez ses caractéristiques (**doc 2**).

3. Comment les informations sont-elles commandées et envoyées ?

4. Dessinez un schéma de la chaîne d'énergie et de la chaîne d'information qui permet à la maison Domespace de suivre la course du soleil (**doc 2**).

5. Pourquoi placer du liège à l'intérieur de la structure des murs ? Quels autres matériaux peuvent être utilisés pour l'isolation de la maison (**doc 1**) ?

THÉMATIQUE

La modélisation et la simulation des objets et des systèmes techniques

12 Modéliser des données

Support 1 Babolat
Une raquette connectée

Les joueurs de tennis souhaitent améliorer sans cesse leurs performances. Mais il faut connaître et étudier son jeu pour encore progresser. La raquette connectée est capable d'analyser le jeu du joueur, le nombre de coups, la vitesse, etc. Elle permet également de conserver un historique des données et de les partager avec d'autres joueurs.

> Quelles sont les données recueillies et quelles représentations sont les plus pertinentes ?

> **Connaître et être capable de...**
> - Analyser le fonctionnement et la structure d'un objet (ergonomie, analyse fonctionnelle, représentation fonctionnelle, description) S1 S3 S3
> - Utiliser une modélisation ou simuler numériquement la structure et/ou le comportement d'un objet S2 S3
> - Lire, utiliser et produire des représentations numériques d'objets S2 S3
>
> Domaine 2 du socle commun

Support 2 THOMbox
Une maison connectée

Cette « box » permet d'améliorer le confort d'une maison : l'ouverture automatique des accès, la sécurité (protection des biens), ainsi que la réalisation d'économies d'énergie (gestion de l'éclairage, du chauffage, des volets). Depuis un smartphone, une tablette ou un ordinateur connecté à Internet, la gestion à distance des équipements devient possible.

> Comment représenter le fonctionnement et les possibilités d'une maison connectée ?

Support 3 Thermoslate
Un panneau solaire invisible

Projet

Thermoslate® est une solution intégrée pour façades et couvertures, qui génère de l'énergie pour la production d'eau chaude sanitaire (ECS) ou de piscine. Ce système est né de la nécessité de résoudre les inconvénients esthétiques des panneaux vitrés dans le cadre de la réhabilitation de centres historiques, de monuments nationaux ainsi que d'ouvrages privés. Le produit Thermoslate représente une réponse techniquement adaptée et esthétiquement inégalable.

Un capteur solaire sous des ardoises naturelles

> Quelles sont les performances des panneaux invisibles ?

THÉMATIQUE
La modélisation et la simulation des objets et des systèmes techniques

Support 1 Babolat

doc 1 — La raquette connectée

Dans son manche, la raquette Babolat intègre des capteurs de vitesse, de mouvements et de vibrations, une mémoire, une carte électronique qui traite les informations en temps réel, une batterie, un bluetooth, ainsi qu'une connectique USB.

Les différents capteurs mesurent les données du jeu. Ensuite, la synchronisation ou l'échange de données entre la raquette et les supports (smartphone ou ordinateur) peut s'effectuer, soit par bluetooth, soit par câble USB. Les données sont traitées et le joueur peut ainsi analyser et sauvegarder un grand nombre de situations de jeu différentes.

doc 2 — L'étude des zones d'impacts

La balle entre en contact avec le cordage. À chaque frappe, la vibration acquise est interprétée et classée dans une des cinq zones déterminées. Le capteur de vibrations permet de savoir à quel endroit précis la balle a frappé le cordage.

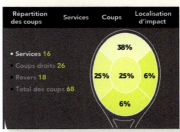 

doc 3 — Nombre d'impacts lors d'un match de tennis

		Zone 1	Zone 2	Zone 3	Zone 4	Zone 5
4ᵉ set		66	9	10	14	1
3ᵉ set		55	11	14	10	0
2ᵉ set		59	17	8	13	2
1ᵉʳ set		61	10	15	9	0

doc 4 — Choisir un graphique

Selon les données, le graphique est différent.

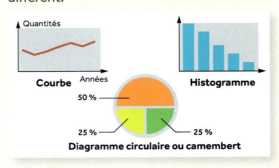

doc 5 — Les caractéristiques de la raquette connectée

Cette raquette possède des caractéristiques identiques à sa version non connectée : 300 g, 645 mm de longueur, tamis de 645 cm², équilibre à 320 mm et rigidité de 72 RA. L'intégration du système Play n'affecte pas les attributs de la raquette. Les capteurs, accéléromètre et capteur gyroscopique, sont intégrés au cœur de la raquette et rien ne dépasse sur le cadre ou au bout du manche.

---

1. Réalisez la chaîne d'informations avec les composants concernés de la raquette Babolat (doc 1).
2. Quelles informations peuvent être acquises par cette raquette (docs 1 et 2) ?
3. Représentez, par un graphique, les performances obtenues entre les 4 sets (docs 2, 3 et 4).
4. Analyser les performances obtenues (doc 3).
5. Quels sont les choix ergonomiques faits pour cette raquette connectée (doc 5) ?

Pour aller plus loin
Télécharger l'application « babolat play » sur smartphone, tablette ou ordinateur.

Modéliser des données **12**

Support 2 THOMbox

doc 1 — L'utilisation de la THOMbox

La société Thomson a récemment commercialisé la box domotique THOMbox. Elle permet de commander à distance les équipements électriques d'une habitation (alarme, chauffage).
Les programmes ou scénarios sont réalisés de manière visuelle par l'utilisateur à l'aide d'une application. Il suffit ensuite de se connecter à la THOMbox pour lancer les programmes.

doc 2 — L'allumage d'une lampe par un détecteur

L'interface de programmation

Le détail d'un programme

doc 3 — La représentation du système d'allumage

Les actions du système sont décomposées. On choisit la partie à étudier en définissant ses limites.

ACTEUR PRINCIPAL — Système : interrupteur automatique — ACTEURS SECONDAIRES

- Traiter les informations
- Communiquer les informations → Automate
- Détecter une présence
- Transformer les informations → Lampe
- Alimenter → Énergie

doc 4 — Les résultats de deux appareils d'acquisition

Présence / Temps
La présence à chaque heure

Intensité lumineuse / Temps
L'intensité lumineuse à chaque heure

doc 5 — Les détecteurs et les capteurs

Un détecteur mesure une information logique de type TOR (tout ou rien) telle que vrai/faux, oui/non. Un capteur est un appareil capable de mesurer une information analogique telle qu'une grandeur physique : la température, la pression, etc.

---

1. Expliquez le programme d'allumage de la lampe 1 (**doc 2**).

2. Décrivez les différentes interactions de l'interrupteur automatique (**doc 3**).

3. Quels outils de mesure ont permis d'obtenir les résultats (**doc 4**) ?

4. Commentez les résultats obtenus par chaque appareil d'acquisition (**doc 4**)

5. Quel est le type d'appareil de mesure utilisé pour obtenir ces résultats (**docs 4** et **5**) ?

Pour aller plus loin
www.thomsonbox.eu
puis onglet scénarios

THÉMATIQUE
La modélisation et la simulation des objets et des systèmes techniques

Support 3 Thermoslate — Projet

Étude préalable

doc 1 — La création d'une énergie propre et renouvelable

Le panneau solaire Thermoslate est un produit de la société Cupapizzaras. Son composant principal est l'ardoise. On l'installe sur des façades et des couvertures pour produire de l'énergie thermique afin de couvrir les besoins en eau chaude.

doc 3 — Le produit Thermoslate

Plaques dans lesquelles circule un fluide caloporteur et recouvertes d'ardoise naturelle

doc 2 — Un diagramme de cas d'utilisation

Le diagramme de cas d'utilisation permet de donner une vision globale du comportement fonctionnel d'un objet ou d'un système technique. Il présente les différentes interactions entre un acteur (utilisateur ou machine) et un système.

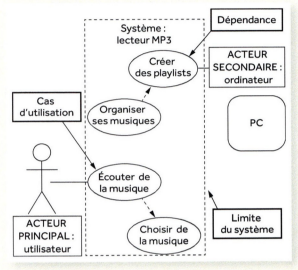

Exemple pour un lecteur MP3

doc 4 — La procédure à suivre pour la mise en place de Thermoslate dans les meilleures conditions

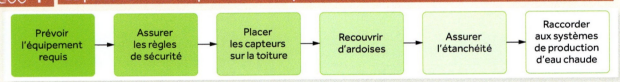

Prévoir l'équipement requis → Assurer les règles de sécurité → Placer les capteurs sur la toiture → Recouvrir d'ardoises → Assurer l'étanchéité → Raccorder aux systèmes de production d'eau chaude

doc 5 — Le rendement

Le rendement des panneaux Thermoslate dans des conditions d'ensoleillement moyen est donné en fonction des m^3 d'eau dispensés. Selon le nombre de personnes dans le foyer, le lieu géographique et la pente de la toiture, on détermine le nombre de panneaux nécessaires.

---

1. Décrivez les cas d'utilisation du Thermoslate (**docs 1** et **2**).
2. Quelle est l'innovation apporté par cet objet technique (**docs 1** et **2**) ?
3. Représentez le fonctionnement du panneau solaire Thermolaste sous forme graphique (**docs 1** et **3**).
4. De quels éléments vont dépendre les bonnes performances du Thermoslate (**docs 4** et **5**) ?
5. Choisissez une présentation graphique permettant de visualiser les performances du produit.

Pour aller plus loin
www.cupapizarras.com/pub/thermoslate_technique.pdf

Modéliser des données 12

Application

doc 6 — Le chauffage d'une piscine avec Thermoslate : cahier des charges

M. Dupont souhaite installer une piscine dans son jardin. La piscine sera couverte par un abri amovible pour limiter le refroidissement de l'eau.
– Dimensions internes de la piscine : longueur : 10 m ; largeur : 5 m.
– Profondeur de 1,2 m sur 4 m de long, puis 2,5 m de profondeur sur 6 m de long.
Pour chauffer la piscine à la température souhaitée, le constructeur recommande à M. Dupont 12 panneaux de 1,5 m² chacun (voir fiche technique dans le doc 5).
M. Dupont souhaite avoir une température de l'eau minimale de 24 °C, de début mai à fin septembre.

doc 7 — Un exemple de logiciel de CAO (GoogleSketchUp)

doc 8 — La carte nationale d'ensoleillement

Ensoleillement faible
Ensoleillement important

doc 9 — Un exemple de rendement pour 1m² de panneau à Rennes, exprimé en Wh/m²/jour

Mois	Rayonnement global [Wh/m²/jour]	Température extérieure °C
Janv.	936,0000	4,80000
Fév.	1704,0000	5,30000
Mars	2904,0000	8,10000
Avril	4224,0000	10,20000
Mai	5088,0000	13,20000
Juin	5688,0000	16,30000
Juil.	5760,0000	18,0000
Août	4632,0000	18,0000
Sept.	3480,0000	16,0000
Oct.	2184,0000	12,0000
Nov.	1152,0000	8,0000
Déc.	792,0000	5,50000
Année	1175208,0000	11,2833

Set de données actuel
Pays : FRANCE
Région/État fédéral :
Nom du site : RENNES

Sauvegarder les données
Réécrire les données
Effacer les données

6 Finalisez l'ensemble de l'installation avec la piscine du client (**doc 6**).

7 Modélisez l'ensemble de l'installation à l'aide du logiciel de CAO du **doc 7**.

8 Quelle est la particularité de l'ensoleillement en France (**doc 8**) ?

9 Quels sont les paramètres qui peuvent influer sur la température de l'eau ?

10 Représentez graphiquement l'évolution du rayonnement global et de la température extérieure durant une année (**doc 9**).

11 Décrivez les graphiques obtenus.

12 Modéliser des données

À retenir

● Une définition de l'ergonomie

L'ergonomie consiste à adapter le travail, les outils, les objets et l'environnement à l'homme (et non l'inverse).

● Les étapes pour réaliser une représentation

Pour représenter de façon visuelle des données obtenues, on retrouve systématiquement quatre étapes.
1. L'énoncé des fonctions que le système assure.
2. Le relevé ou l'acquisition des données.
3. Le formatage et le traitement des données qui sont réalisés par l'électronique « embarquée » dans l'objet.
4. La représentation graphique des données pour permettre une lecture plus simple et plus explicite.

● Les représentations graphiques

Un croquis ou une esquisse : on obtient rapidement un rendu visuel. Ce rendu se fait généralement à main levée.
Les tableurs offrent de nombreuses possibilités de graphiques. Les plus souvent utilisés sont :

– **le camembert** : représentation sous forme circulaire divisée par des rayons. Exemple : répartition de l'espace de stockage d'un ordinateur ;

– **l'histogramme** : représentation sous forme de bâtons de tailles différentes. Exemple : températures en fonction des mois ;

– **les courbes** : représentation proche des histogrammes mais avec une représentation régulière et sans rupture. Exemple : évolution du rythme cardiaque.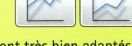

Pour analyser facilement les données enregistrées, les graphiques sont très bien adaptés. Les applications liées à l'objet réalisent des vues de façon très explicite et intuitive en utilisant de nombreuses données.
Les applications permettent de faire un choix entre différentes vues possibles.

Représentation *via* une application sur un ordinateur, un smartphone ou une tablette

Graphique sous forme « radar » ou toile d'araignée permettant d'avoir une visualisation avec plus de deux axes

Évaluation

Modéliser des données 12

📍 Attendus de fin de cycle
- Utiliser une modélisation et simuler le comportement d'un objet

Support 4 — Smart Sensing

doc 1 — Une innovation

Les vêtements Smart Sensing mesurent en permanence les caractéristiques physiologiques de l'homme : les efforts physiques, le rythme cardiaque, le nombre de calories brûlées. Ces mesures, que l'on trouve dans le sport de haut niveau, s'ouvrent maintenant au public. L'apparition de ces vêtements s'explique par la montée en puissance des appareils de mesure, comme les bracelets connectés.

doc 2 — La tenue Smart Sensing

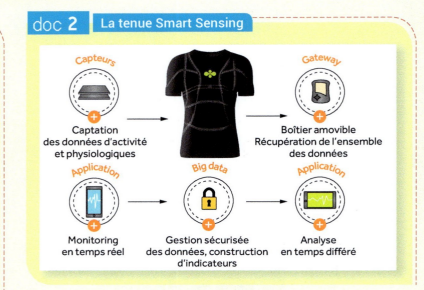

doc 3 — La fréquence cardiaque (FC) d'un homme

FC repos (pulsations)	50	45	48	50	48	45	52	50	47	48	46	49	53
FC effort (pulsations)	170	170	175	170	165	173	168	175	165	174	168	170	175
Temps (s)	0	5	10	15	20	25	30	35	40	45	50	55	60

doc 4 — La représentation de la fréquence cardiaque au repos

(Graphique : Nombre de pulsations en fonction du Temps (s))

1 Réalisez le diagramme des cas d'utilisation de la tenue Smart Sensing (**doc 1** et **2**).

2 Quelles caractéristiques physiologiques peut-on mesurer avec cette tenue (**doc 1**) ?

3 Quels appareils vont être utilisés pour effectuer ces mesures (**doc 2**) ?

4 Représenter sous forme graphique la fréquence cardiaque d'un homme à l'effort (**doc 3**).

5 Commentez les résultats obtenus.

6 D'après les résultats obtenus aux questions 3 et 4, comparez les fréquences cardiaques au repos et à l'effort.

7 Rédigez une conclusion de votre travail.

13 Modéliser un fonctionnement

THÉMATIQUE
La modélisation et la simulation des objets et des systèmes techniques

Support 1 — Ninebot One
Un nouveau moyen de transport individuel

L'homme a besoin de se déplacer, par exemple en voiture, en train, en avion. Cependant, certains de ces moyens de transport ne sont pas sans conséquences sur l'environnement, alors que la circulation dans les villes se densifie. La recherche de solutions utilisant une énergie propre est devenue un élément important lors de la conception d'un objet technique.

> *L'utilisation d'une roue unique permet-elle un déplacement efficace ?*

> **Connaître et être capable de...**
> - Associer des solutions techniques à des fonctions S1 S2
> - Analyser le fonctionnement et la structure d'un objet S2 S3
> - Identifier les entrées et sorties S1
> - Identifier le(s) matériau(x), les flux d'énergie et d'information sur un objet et décrire les transformations qui s'opèrent S1 S3
> - Décrire, en utilisant les outils et langages de description adaptés, le fonctionnement, la structure et le comportement des objets S1 S3
>
> Domaine 4 du socle commun

Support 2 — LG G Flex 2
Une amélioration du confort visuel

L'usage d'objets intégrant un écran est très présent dans nos activités quotidiennes. Ils permettent d'utiliser différentes applications telles que vidéos, mails, notes. En vue d'un meilleur confort, la qualité des écrans (dalles) a été grandement améliorée (au niveau du contraste, de l'éclairage et de la définition de l'image).

> **Comment les écrans ont-ils été améliorés ?**

Support 3 — I-Limb Quantum
Une robotique au service de la main

Projet

Depuis quelques années, l'utilisation de la robotique est entrée dans différents domaines : l'exploration, l'industrie, le divertissement. Le progrès technologique a su adapter la robotique au domaine médical (opérations de précision ou assistance dans la rééducation). L'usage d'une prothèse robotisée de la main a permis à certains patients de retrouver une autonomie d'action dans leur quotidien.

> **Une prothèse mécanique réagit-elle de la même manière qu'une main normale ?**

THÉMATIQUE
La modélisation et la simulation des objets et des systèmes techniques

Support 1 — Ninebot One

doc 1 — Le Ninebot One

Ce moyen de déplacement est une invention qui n'utilise qu'une seule roue. Son principe de fonctionnement se compare à un monocycle des temps modernes. La société Ninebot One a su se démarquer de ses concurrents en proposant un système performant : la roue gyroscopique.

doc 2 — Le monocycle

Le monocycle ressemble à un vélo auquel on a retiré le guidon. Le système de pédalier sert à la propulsion et au freinage. La direction va se contrôler à l'aide des mouvements du haut du corps, des bras et des hanches.

doc 3 — Le principe de la gyroscopie

La gyroscopie est un principe physique qui utilise un mouvement constant de rotation d'un objet pour se maintenir en équilibre. On peut trouver ce principe d'équilibre lorsque l'on fait tourner une toupie. Si on lance une toupie rapidement elle va tourner et se tenir en équilibre. Lorsqu'il n'y a plus de mouvement de rotation, la toupie va tomber.

doc 4 — Une vue éclatée d'un Ninebot One

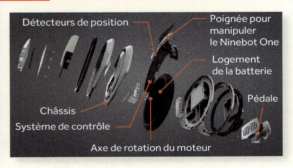

doc 5 — Le moteur du Ninebot One

---

1. Schématisez le fonctionnement d'un monocycle (**doc 2**).

2. Expliquez le fonctionnement du Ninebot One par un bref résumé et un schéma (**docs 4** et **5**).

3. Citez la ou les énergies d'entrée et la ou les énergies de sortie pour les deux objets techniques (**docs 2** et **4**).

4. Quels sont les composants de la chaîne d'énergie et d'information pour le Ninebot One et le monocycle (**docs 2** et **4**) ?

5. Décrivez les transformations existant entre entrée et sortie produites par le Ninebot One.

Pour aller plus loin
www.ninebot-france.com
www.youtube.com/watch?=HPEwe2-GS44

Modéliser un fonctionnement 13

Support 2 — LG G Flex 2

doc 1 — Le groupe LG

Il a su améliorer la qualité de ses écrans par une nouvelle technologie nommée OLED. Cette technologie permet d'avoir des écrans au contraste lumineux plus important et dotés d'une meilleure définition.

doc 3 — Le LG G Flex 2, vue de face et vue de profil

doc 2 — La différence des écrans LED et OLED

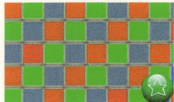

Les différentes cellules (rouge, vert et bleu) vont être éclairées par des LED blanches positionnées sur l'ensemble de l'écran sous forme de mailles. En faisant varier l'intensité lumineuse de l'ensemble des LED, on atteint le contraste souhaité.

Chaque cellule (rouge, vert et bleu) d'un écran OLED possède son propre éclairage provenant d'une diode unique. On va pouvoir affiner le contraste des couleurs, au pixel près, en faisant varier l'intensité lumineuse de chaque cellule.

doc 4 — Un tableau comparatif de modèles de télévision

Critères	TV LCD	TV PLASMA	TV OLED
Contraste	+	+	++
Temps de réponse	–	++	++
Angle de vision	–	+	++
Couleurs	+	+	++
Consommation	+	–	++
Prix	+	+	–

– : le moins apte ; ++ : le plus apte.

1. Quelles sont les différences entre le LED et le OLED (**doc 2**) ?
2. D'un point de vue technique, quels sont les avantages et les inconvénients de ces deux types de dalle (**doc 2**) ?
3. Que pouvez-vous dire sur l'aspect extérieur de ce smartphone LG G Flex 2 (**doc 3**) ?
4. Sur quels autres objets techniques pourrait-on appliquer cette technologie ?
5. Que pouvez-vous conclure d'après les informations du **doc 4** ?

Pour aller plus loin

www.lg.com/fr/telephones-mobiles/lg-G-Flex-smartphone
www.youtube.com/watch?v=nmYP3KNbG3k

THÉMATIQUE
La modélisation et la simulation des objets et des systèmes techniques

Support 3 — I-Limb Quantum — Projet

Étude préalable

doc 1 — La société Touch Bionic

Cette société a développé un modèle de prothèse qui peut s'adapter à chaque individu dont une main a été amputée. Cette main artificielle veut être la réplique la plus exacte de la main humaine.

doc 3 — La vue d'un doigt humain en coupe

Phalange proximale
Cartilage articulaire
Phalange moyenne
Tendon de l'extenseur
Tendon du fléchisseur profond des doigts
Tendon du fléchisseur superficiel des doigts
Phalange distale
Tête du métacarpien

doc 2 — La prothèse I-Limb Quantum

72
154

Dimensions de la prothèse en mm

doc 4 — Le doigt en position droite et en position repliée

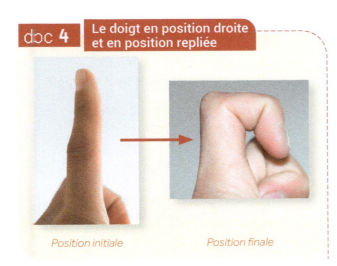

Position initiale — *Position finale*

1. Qu'est-ce qu'une prothèse (**doc 1**) ?
2. Peut-on avoir les mêmes résultats avec une main réelle et un modèle I-Limb Quantum ? Justifiez votre réponse (**docs 2** et **3**).
3. Dans le cas d'une action simple d'un doigt, dessinez sa trajectoire lorsqu'il se plie (**doc 4**).
4. Comment doit être structurée une prothèse (**doc 3**) ?
5. Quels critères va-t-on prendre en compte pour vérifier l'efficacité d'une prothèse ?

Modéliser un fonctionnement 13

Application

doc 5 — Des composants électroniques

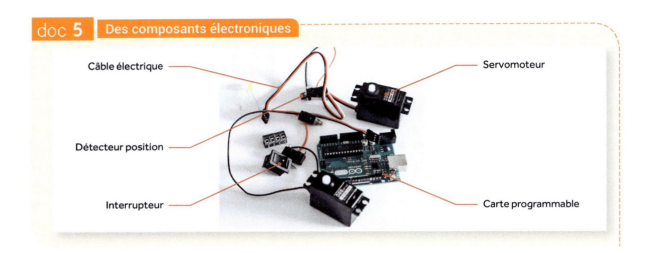

- Câble électrique
- Servomoteur
- Détecteur position
- Interrupteur
- Carte programmable

doc 6 — La définition d'un protocole et des attentes

Le but d'une expérience est de vérifier une hypothèse ou une donnée (critère) dans des conditions préparées. La plupart des expériences ne sont pas réalisées dans la nature mais en laboratoire, bien qu'en technologie certaines soient menées sur le terrain.
On indique dans le **protocole expérimental** l'ensemble les idées que l'on a de l'expérience que l'on souhaite réaliser. On note différentes informations pour :
– les **constantes**, qui sont des informations qui ne changent pas pendant l'expérience ;
– la **variable**, qui est une information qui va changer pendant l'expérience. Il ne doit y avoir qu'une seule variable, et on précise ce qui est mesuré (tension, courant…) ;
– le **témoin (référentiel)**, qui est la référence que l'on choisit ;
– les **résultats attendus**, pour vérifier si l'hypothèse est correcte ;
– le **matériel** nécessaire ;
– la **durée** de l'expérience.

6 Quels composants doit-on avoir pour pouvoir simuler le comportement d'un doigt mécanique (**docs 5** et **6**) ?

7 D'après la question 4, quels types de mesure pouvez-vous citer pour vérifier vos critères ?

8 Proposez par groupe différents protocoles de test pour vérifier chaque critère.

Vérification critère A	Vérification critère B	Vérification critère n
• Protocole 1 • Protocole 2	• Protocole 1 • Protocole 2	• Protocole 1 • Protocole n

9 Mettez en œuvre vos protocoles.

10 Rédigez un bilan sur les résultats que vous avez obtenus.

Pour aller plus loin
www.touchbionics.com
www.youtube.com/watch?v=Hlm0xpLPqp0

13 Modéliser un fonctionnement

À retenir

● La description d'une étude d'objet technique

L'étude d'un objet technique est réalisée sous deux formes : un texte ou un graphique, ou bien les deux. De plus, l'étude comporte différentes étapes. Le but de l'étude va être de faire l'association entre les solutions techniques et les fonctions techniques que doit assurer l'objet technique.

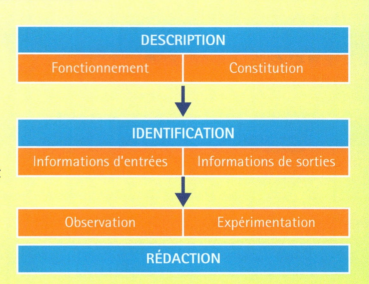

● La fonction technique

C'est l'action que doivent assurer une ou plusieurs pièces dans un but précis (exemple : plier, couper…).

● La solution technique

Les réponses possibles donnent une solution à une fonction technique.

Description détaillée d'une étude d'objet technique

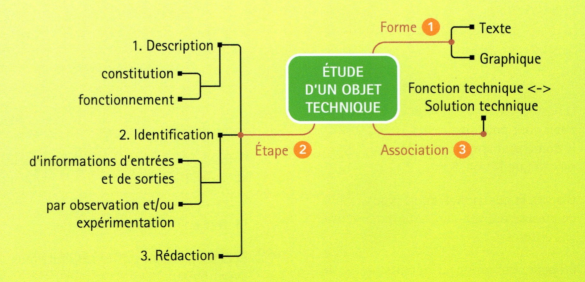

Évaluation

Modéliser un fonctionnement 13

🔵 Attendus de fin de cycle
● Analyser le fonctionnement et la structure d'un objet

Support 4 — Smartflower

doc 1 — La solution Smartflower

L'homme prend conscience que la consommation d'électricité a un impact important sur l'environnement. La solution Smartflower utilise le principe du tournesol pour produire de l'énergie. Elle va déployer des pales qui vont servir de panneaux solaires et s'orienter en fonction des déplacements du soleil.

doc 2 — Les informations techniques de la Smartflower

– Puissance nominale → 2.31KWc
– Type de cellule → monocristallin
– Optimisation tracker (vs système toiture) → + 40 %
– Onduleur → monophasé, intégré

doc 3 — Le rendement

Le rendement est le rapport entre une énergie ou une autre grandeur (force du vent, rayonnement) absorbée et une énergie ou une grandeur consommée par un objet technique.

doc 4 — La simulation

Une simulation est la mise en œuvre d'un système technique sur lequel on va pouvoir effectuer l'acquisition de différentes informations (température, vitesse, distance).

---

1. Faites la comparaison de la solution Smartflower et d'un tournesol sous forme graphique (**doc 1**).

2. Donnez la description de chaque information (**doc 2**).

3. Comment va-t-on mesurer le rendement de la Smartflower (**doc 3**) ?

4. Quels matériels allez-vous choisir pour effectuer la simulation d'une Smartflower (**doc 4**) ?

5. Expliquez les protocoles de tests que vous allez pouvoir mettre en place pour la simulation de la Smartflower.

6. Rédigez un bilan de vos différentes recherches.

7. Est-il possible de réaliser un objet technique équivalent à la Smartflower, produisant lui aussi de l'énergie électrique ?

THÉMATIQUE

La modélisation et la simulation des objets et des systèmes techniques

14 / Simuler pour valider des idées

Support 1 Autodesk ForceEffect
Un logiciel de modélisation des efforts

L'étude des forces (force du vent, force d'appui...) avec un logiciel dédié permet de simuler le comportement des objets techniques lorsqu'ils sont en action.
On va pouvoir vérifier les hypothèses sur la réaction de l'objet technique et ainsi valider les solutions techniques.

Le logiciel Autodesk ForceEffect

> **Comment modéliser le comportement d'un objet technique ?**

Connaître et être capable de...

- Utiliser une modélisation pour comprendre, formaliser, partager, construire, investiguer, prouver S1 S3
- Simuler numériquement la structure et/ou le comportement d'un objet S2 S3
- Interpréter le comportement de l'objet technique et le communiquer en argumentant S2 S3

Domaine 4 du socle commun

Support 2 Hydrogénérateur
L'interprétation de résultats à partir d'une simulation

Les bateaux utilisent des appareils électriques (sonar, GPS) pour naviguer efficacement. L'usage de ces appareils demande un moyen de production rentable et simple de mise en œuvre. L'utilisation d'un hydrogénérateur va permettre de produire de l'électricité grâce au déplacement du bateau.

Hydrogénérateur

> **Comment présenter les performances de production d'électricité ?**

Support 3 Conception assistée par ordinateur
Un crochet de levage virtuel

Projet

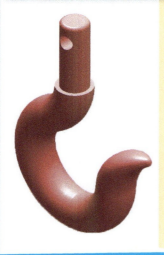

Lors de la conception d'un objet technique, il est parfois très utile d'étudier le comportement du produit avant sa fabrication et avant les tests en grandeur réelle. Des logiciels de conception assistée par ordinateur permettent de reproduire l'objet technique en 3D, puis de le tester en incluant tous les paramètres nécessaires (dimensions, poids, matériaux...).

> **Comment identifier les faiblesses d'un crochet de levage lors de sa conception ?**

THÉMATIQUE
La modélisation et la simulation des objets et des systèmes techniques

Support 1 — Autodesk ForceEffect

doc 1 — Le logiciel Autodesk ForceEffect

Ce logiciel possède une application qui permet de modéliser une structure par des tracés placés sur une photo, pour une étude de RDM (résistance des matériaux) statique. Le système technique est étudié dans une position donnée, à un instant précis, comme s'il était figé.

doc 2 — La RDM

La RDM est l'étude du comportement des différents éléments d'une structure, afin de calculer les forces qui s'appliqueront sur elle et par conséquent les déformations produites. La modélisation peut se faire à partir d'une image.

doc 3 — La modélisation du cadre d'un vélo

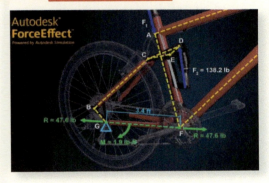

doc 4 — La version Autodesk ForceEffect Motion

Il s'agit d'une version qui permet de réaliser des études cinématiques, c'est-à-dire une simulation des mouvements et des interactions entre les éléments. On observe les déplacements de chaque élément comme dans un fonctionnement réel. Un graphique de mesures (forces) est dessiné pour vérifier les hypothèses.

doc 5 — La modélisation d'une pelle de tracteur

Une modélisation sous Autodesk ForceEffect Motion d'une pelle de tracteur ainsi que son diagramme des efforts en fonction de la position de la pelle.

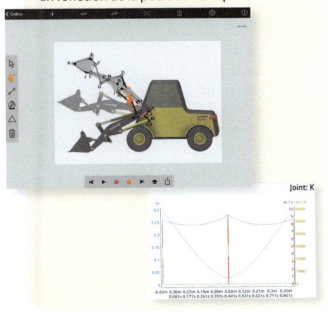

1. Quel intérêt présente la RDM (**docs 1** et **2**) ?

2. Quel est l'intérêt du logiciel Autodesk ForceEffect dans l'étude du cadre de vélo (**doc 3**) ?

3. Quelles sont les différences entre les deux versions du logiciel Autodesk (**docs 1** et **4**) ?

4. Pourquoi créer des diagrammes lors de l'utilisation d'Autodesk ForceEffect Motion (**docs 4** et **5**) ?

5. À partir de la photographie d'un pont, utilisez l'application (**docs 2** et **3**) pour étudier les forces appliquées.

Pour aller plus loin
https://forceeffect.autodesk.com/frontend/fe.html

Support 2 — Hydrogénérateur

doc 1 — L'hydrogénérateur

L'entreprise Watt and Sea réalise des systèmes embarqués pour produire de l'énergie sur les bateaux. Cette énergie est produite grâce au déplacement du bateau.

doc 2 — Un hydrogénérateur et sa fiche technique

Caractéristiques mécaniques
La turbine : diamètre 240 mm
Le bras profilé : longueur : monocoques : 65 cm, multicoques : 40 cm
Le bras de commande : longueur : 40 cm à 100 cm
Poids de l'ensemble : 10 kg

Electronique
Convertisseur à microcontrôleur

Supervision
Par application wifi sur pc, tablette ou smartphone

Caractéristiques électriques
Tension d'électricité produite : **12, 24 ou 48 volts** (tension de sortie à préciser à la commande)
Puissance maxi : 600 W
Types de batteries pouvant être rechargées : toutes les batteries au plomb et batteries Lithium-ion avec régulateur intégré

doc 3 — Une simulation de l'hydrogénérateur

doc 4 — Une comparaison de production d'énergie entre deux modèles

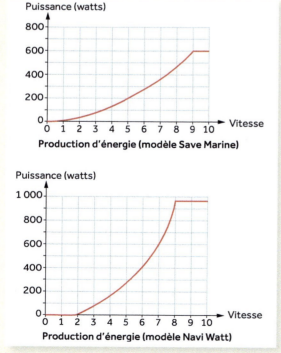

Production d'énergie (modèle Save Marine)

Production d'énergie (modèle Navi Watt)

La vitesse est exprimée en nœuds (1 nœud = 1,852 km/h).

---

1. Expliquez la simulation du **doc 3**.
2. Quel va être l'intérêt de cette simulation ?
3. Commentez les productions d'énergie exposées dans le **doc 4**.
4. Que remarquez-vous lorsque le bateau atteint une vitesse de 9 nœuds ? Qu'est-ce que cela signifie ?
5. Comparez les résultats du **doc 4** avec la fiche technique du **doc 2**.
6. Rédigez une conclusion de vos résultats.

Pour aller plus loin
http://www.save-marine.com/fr/l-hydrogenerateur

THÉMATIQUE
La modélisation et la simulation des objets et des systèmes techniques

Support 3 — Conception assistée par ordinateur

Projet

Étude préalable

doc 1 — Un système de levage

Une grue est un appareil de levage et de manutention réservé aux charges lourdes. Cet engin de levage est construit de manière différente selon son utilisation : à terre : grue de chantier, camion-grue ; grue à bord d'un navire ou d'un dock flottant.

doc 3 — Les outils sur les systèmes de levage

Pour déplacer les charges lourdes et s'adapter aux matériaux à soulever, il est indispensable d'adapter un outil à la grue. Il existe de multiples outils : pinces à bois, grappins forestiers, pinces de démolition, grappins à fumier, grappins scies, etc.

doc 5 — La CAO

Lors de la conception d'outils, les ingénieurs modélisent les produits et réalisent des simulations afin de vérifier la déformation que subira l'objet technique lors de son utilisation. Différentes simulations existent (types de déformation, effets thermiques...) et sont disponibles sur les logiciels de conception assistée par ordinateur.

doc 2 — Des types de grues

doc 4 — Des types d'outils

doc 6 — Une chaise modélisée et testée sous SolidWorks SimulationXpress

1. Identifiez les lieux où l'on peut trouver une grue de levage (**doc 1**).
2. Citez les types de charges que peut lever une grue (**doc 3**).
3. Quels sont les outils pouvant être adaptés à une grue de chantier (**docs 3** et **4**) ?
4. Quel est l'intérêt d'utiliser un logiciel de CAO pour concevoir un nouvel objet (**docs 5** et **6**) ?

Simuler pour valider des idées 14

Application

doc 7 — Un crochet de levage modélisé sous SolidWorks

- Axe permettant d'accueillir la tige filetée
- Siège accueillant la charge

doc 8 — Le crochet de levage

Un crochet de levage est une pièce destinée à saisir et à soulever des charges. Il est installé sur des grues ou des systèmes de levage fixes. Le crochet est généralement en acier, recourbé, à simple bec. Il est attaché au dispositif de levage par une tige filetée et un écrou. La charge maximale d'utilisation (poids maximal pouvant être soulevé) est exprimée en tonne (t) ou en kilogramme (kg). La charge doit s'appliquer sur le siège (voir doc 7).

doc 9 — Le critère de plasticité ou critère de von Mises

Le critère de plasticité est un critère permettant de savoir, sous des sollicitations données, si une pièce se déforme plastiquement ou si elle reste dans le domaine élastique, c'est-à-dire si elle se déforme définitivement ou si elle revient dans son état primitif après que la charge a été retirée. Le critère dit de « von Mises » a été formulé par Maxwell en 1865. Il permet de modéliser la déformation d'une pièce.

doc 10 — Contraintes du crochet de levage sous charge

- Point de fixation du crochet
- Échelle du critère de von Mises : déformation très importante, voire critique
- Échelle du critère de von Mises : déformation acceptable sans risque de rupture
- Échelle du critère de von Mises : déformation minimale, non dangereuse

---

5 Quel intérêt présente l'utilisation d'un crochet de levage (**doc 8**) ?

6 Quelle est l'information principale qui permet de choisir un crochet (**doc 8**) ?

7 Que permet d'observer le critère de von Mises (**doc 9**) ?

8 Où se situe le point de faiblesse du crochet de levage (**docs 7, 8 et 10**) ?

9 Quel est le risque ? Comment corriger cette fragilité ?

10 Par groupes, échangez sur les solutions à apporter pour améliorer le crochet de levage. Modélisez une des solutions sous SolidWorks. Faites vos tests avec SimulationXpress pour vérifier vos hypothèses et présenter la meilleure à la classe.

14 Simuler pour valider des idées

À retenir

● La simulation numérique

La simulation numérique consiste à reproduire, par des calculs mathématiques, le fonctionnement et le comportement d'un système. Les résultats sont souvent présentés par des modèles 3D complétés par des couleurs illustrant les déformations.

● La résistance des matériaux (RDM)

La résistance des matériaux est utilisée pour concevoir des systèmes ou pour valider l'utilisation de matériels. On étudie toujours le système pour obtenir une déformation réversible, c'est-à-dire qu'après l'application d'une force le système revient à sa position initiale. Sinon, dans le cas d'une déformation irréversible (déformation plastique ou rupture), la pièce devient inutilisable.

● Valider une conception par simulation

La simulation numérique permet aux ingénieurs de valider la conception de leur produit en exploitant directement le modèle géométrique en trois dimensions (3D). En réalisant une simulation sur différents prototypes numériques, on obtient des informations précieuses sur le futur comportement de l'objet. Le prototype est alors validé ou modifié en vue de sa fabrication.

Étude de résistance d'une chaise sous Solidworks

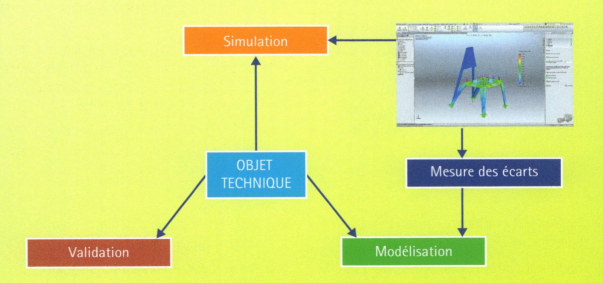

Évaluation

Simuler pour valider des idées — 14

📍 **Attendus de fin de cycle**
- Simuler numériquement la structure et/ou le comportement d'un objet

Support 4 — Structure d'une installation

doc 1 — Le cahier des charges

Dans un espace public, on prévoit d'aménager un coin zen ou coin détente. Le cahier des charges est le suivant :
– 8 hamacs pouvant accueillir 2 personnes chacun ;
– le système devra profiter d'un ensoleillement maximal, mais pourra également comporter des zones ombragées.
Cet espace devra répondre aux normes de sécurité des espaces publics et devra être conçu pour être particulièrement résistant.

doc 2 — Exemples de hamacs publics avec une structure en matériaux composites ou en cordes croisées ou « nids d'abeilles »

doc 3 — Les efforts mécaniques

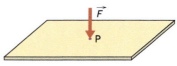

Effort réparti en un point

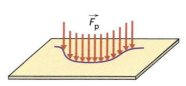

Effort réparti sur une ligne

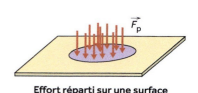

Effort réparti sur une surface

1. Proposez un croquis de la structure de votre installation.

2. Définissez et matérialisez, sous forme de flèches rouges sur votre croquis, les forces exercées sur votre installation lorsque des personnes y sont installées (**doc 3**).

3. Modélisez votre installation à l'aide du logiciel SolidWorks. Faites un test à l'aide du logiciel SolidWorks Simulation Xpress ou Autodesk ForceEffect.

4. À l'aide de votre simulation, repérez les points de faiblesse de votre structure et matérialisez-les par des croix rouges sur votre croquis.

5. Proposez un second croquis pour imaginer les évolutions ou modifications à réaliser pour renforcer votre structure.

6. Imaginez votre solution avec la création ou la récupération d'énergie autonome.

L'informatique et la programmation

Dans cette thématique, je vais...

Découvrir un réseau informatique	128
Comprendre la programmation	136
Préparer un programme	144
Mettre en œuvre un programme	152

L'informatique au service d'une banque de données génétiques.

THÉMATIQUE
L'informatique et la programmation

15 / Découvrir un réseau informatique

Support 1 Réseau

L'architecture du réseau d'un collège

L'environnement informatique d'un collège est composé d'ordinateurs, d'imprimantes et de serveurs connectés entre eux. Le réseau permet à chaque élève de disposer d'un identifiant et d'un mot de passe de connexion, afin d'accéder à ses fichiers personnels et à des fichiers partagés par les professeurs.

> Comment sont reliés les composants d'un environnement informatique pour permettre aux élèves et aux professeurs de partager leurs fichiers ?

> **Connaître et être capable de...**
> - Identifier les composants d'un réseau, l'architecture d'un réseau local, les moyens de connexion d'un moyen informatique **S1 S3**
> - Aborder la notion de protocole, Internet **S2**
>
> Domaines 1 et 3 du socle commun

Support 2 — Le monde connecté

Internet

Internet est un outil devenu primordial dans notre quotidien. Il offre d'innombrables possibilités : communiquer à travers le monde entier, échanger des fichiers, créer son blog, partager des photos...

> **Comment Internet permet-il l'échange de données dans le monde entier ?**

Support 3 — Tablette

Une nouvelle façon de communiquer au collège

Projet

De plus en plus de collèges bénéficient d'un équipement numérique. De par sa mobilité et ses différentes applications, la tablette est devenue un nouvel outil informatique pour communiquer ou échanger des données personnelles au sein de l'ensemble des élèves d'une classe.

Utilisation des tablettes dans un établissement scolaire

> **Comment utiliser la tablette pour l'échange de fichiers au sein d'une classe ?**

THÉMATIQUE
L'informatique et la programmation

Support 1 Réseau

doc 1 — La définition de l'architecture réseau

L'architecture réseau est un ensemble d'équipements de transmission, de logiciels et de protocoles de communication, reliés entre eux par une liaison câblée ou radioélectrique. Il existe différents types de réseau :
– le réseau local LAN (Local Area Network) : c'est le réseau interne d'une entreprise ou d'un établissement ;
– le réseau métropolitain MAN (Metropolitan Area Network) : il concerne le réseau d'une ville ;
– le réseau WAN (Wide Area Network) : il s'étend sur de très longues distances à l'échelle d'un pays, d'un continent ou du monde entier.

doc 2 — Le schéma simplifié du réseau d'un collège

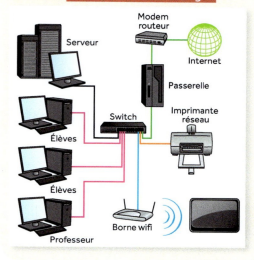

doc 3 — La topologie des réseaux

Un réseau informatique est constitué d'ordinateurs reliés entre eux grâce à des câbles de communication ou par des ondes radios. La configuration du réseau est appelée **topologie physique**. On distingue généralement les topologies suivantes.

Topologie en bus

Une topologie en bus consiste à relier tous les ordinateurs entre eux grâce à une même ligne de transmission par l'intermédiaire de câbles. Si cette ligne de transmission s'avère défectueuse, l'ensemble du réseau n'est pas connecté.

Topologie en étoile

Une topologie en étoile consiste à relier les ordinateurs du réseau à un switch qui permet d'assurer leur communication. Si une connexion est défectueuse pour un ordinateur, les autres ordinateurs peuvent néanmoins communiquer.

Topologie en anneau

Les ordinateurs sont situés sur une boucle et communiquent chacun à leur tour.

Topologie maillée

Une topologie maillée est une autre forme de la topologie en étoile. Chaque ordinateur est relié à tous les autres ordinateurs. Cette topologie se retrouve dans les grands réseaux de distribution comme Internet. Mais il nécessite un très grand nombre de câbles et de matériels de connexion.

1 Citez les différents éléments du réseau d'un collège (**doc 2**).

2 Quels sont les différents moyens de connexion possibles entre deux ordinateurs (**doc 2**) ?

3 Citez le matériel qui permet de se connecter à Internet (**doc 2**).

4 Citez le matériel qui permet de relier plusieurs ordinateurs entre eux (**docs 1** et **2**).

5 Comment brancher une imprimante afin que tous les ordinateurs d'un réseau puissent imprimer des documents (**doc 2**) ?

6 Comment les différents types de réseaux sont-ils utilisés au collège (**docs 1** et **2**) ?

7 Quel est le type d'un réseau Internet (**doc 1**) ?

8 Quelle est la topologie du réseau d'un collège (**docs 2** et **3**) ?

9 Quelle est la topologie d'un réseau Internet (**doc 3**) ?

Pour aller plus loin
www.commentcamarche.net/faq/17406-qu-est-ce-que-l-architecture-reseau

Support 2 Internet

doc 1 — Une définition

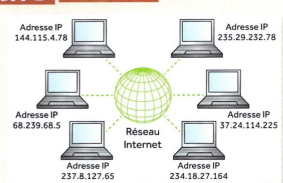

Internet vient du mot *Network* qui veut dire « réseau » et du mot *interconnecté*. Internet est donc l'interconnexion de tous les réseaux de la planète.
Pour permettre cette connexion, tous les ordinateurs doivent posséder une adresse propre et unique appelée adresse IP (Protocole Internet), définie sous forme de chiffres. Grâce à cette adresse IP, n'importe quel ordinateur peut envoyer et recevoir des informations à d'autres ordinateurs possédant une adresse IP différente.

doc 2 — Les protocoles Internet

Les protocoles Internet sont les différents langages de communication entre deux ordinateurs. Plusieurs types de protocoles existent :
– le protocole HTTP, qui permet de transporter des données, par exemple des pages web consultables par un navigateur web. Ces pages sont des textes, des images, des vidéos… ;
– le protocole FTP, qui sert à transporter des fichiers d'un ordinateur à un autre ;
– le protocole IRC, qui permet de créer des forums de discussion en direct ;
– le protocole SMTP, qui permet d'envoyer des méls ;
– le protocole POP3, qui permet de les recevoir.
Ces langages utilisent le protocole Internet IP pour pouvoir transporter des données.

---

1. Qu'est-ce qu'Internet (**doc 1**) ?
2. Comment reconnaît-on un ordinateur dans un réseau (**doc 1**) ?
3. Quel langage de communication doit-on utiliser pour visualiser des pages Internet (**doc 2**) ?
4. Quel langage de communication utilisent deux ordinateurs pour s'envoyer des méls (**doc 2**) ?
5. Qu'est-ce qu'un protocole FTP (**doc 2**) ?
6. Donnez des exemples de logiciels qui utilisent le protocole HTTP (**doc 2**).
7. Donnez des exemples de logiciels qui utilisent le protocole SMTP (**doc 2**).

Pour aller plus loin
http://sebsauvage.net/~sebsauva/comprendre/internet/index.html
www.culture-informatique.net/comment-ca-marche-internet/

THÉMATIQUE
L'informatique et la programmation

Support 3 Tablette Projet

Étude préalable

doc 1 — Les tablettes au collège

Les tablettes sont des outils informatiques qui permettent aux élèves d'un collège d'utiliser plusieurs applications, de se connecter à Internet et de communiquer entre eux grâce à un réseau wifi. Ce nouveau support numérique apporte une meilleure mobilité et permet aussi aux élèves de prendre des photos de leurs travaux afin de les exploiter dans une activité.

doc 2 — L'utilisation du cloud

Le cloud (ou nuage) est un serveur informatique distant qui permet d'accéder, sur demande, grâce à une connexion Internet, à un ensemble de ressources informatiques telles que des photos, des vidéos, des documents ou des logiciels. Ces ressources peuvent être personnelles ou partagées avec d'autres utilisateurs.
L'accès au cloud peut se faire par un identifiant de connexion et un mot de passe à partir de n'importe quel appareil de connexion (ordinateur, tablette, smartphone, imprimante, etc.).

Schématisation du cloud

---

1 Quel avantage apporte l'utilisation des tablettes dans un collège (**doc 1**) ?

2 Grâce à quel type de connexion les élèves d'un collège peuvent-ils se connecter à Internet à partir d'une tablette (**doc 1**) ?

3 Qu'est-ce que le cloud (**doc 2**) ?

4 Quels sont les matériels qui peuvent se connecter à un cloud (**docs 1** et **2**) ?

5 Par quel moyen un élève peut-il partager des fichiers avec sa classe (**docs 2** et **3**) ?

6 Comment peut-on partager des photos protégées par un mot de passe avec d'autres élèves de la classe (**docs 1**, **2** et **3**) ?

Découvrir un réseau informatique 15

doc 3 — Le logiciel OwnCloud

Le logiciel OwnCloud est un logiciel libre qui permet de stocker et de partager des fichiers en ligne. Ces fichiers peuvent être des photos, des vidéos ou des textes. L'accès à ces fichiers peut être protégé par des mots de passe.

Capture d'image du logiciel OwnCloud

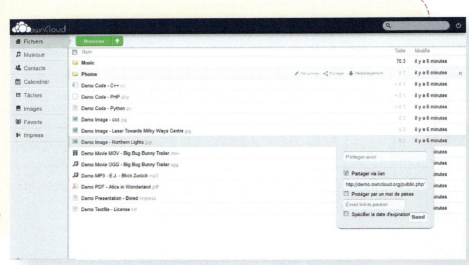

doc 4 — L'organisation du quiz

Chaque quiz comprend :
– un titre ;
– une question sur la description de la maquette ;
– quatre questions sur son fonctionnement ;
– deux questions sur les fonctions techniques présentées dans cette maquette ;
– deux questions sur les solutions techniques choisies ;
– une question sur les précautions d'utilisation.

Application

L'objectif est de partager des fichiers avec l'ensemble des élèves de la classe.
Organisation : la classe est divisée en six groupes de travail.
Chaque groupe de travail doit partager des fichiers avec un autre groupe de travail. Le groupe 1 partagera des fichiers avec le groupe 2. Le groupe 2 avec le groupe 3, et ainsi de suite, jusqu'au groupe 6. Ce dernier partagera des fichiers avec le groupe 1.
À l'aide d'une tablette, chaque groupe doit :

– prendre une photo d'une maquette présente dans la salle de technologie ;
– rédiger un quiz de dix questions concernant la maquette choisie ;
– partager la photo et le quiz mis dans un dossier créé dans le cloud ou dans un espace numérique de travail pour le groupe destinataire ;
– récupérer la photo partagée et le quiz qui sont destinés au groupe ;
– répondre au quiz ;
– partager le quiz rempli à l'ensemble de la classe *via* le cloud ou l'espace numérique de travail (**doc 4**).

15 Découvrir un réseau informatique

À retenir

● Les composants d'un réseau informatique

Un réseau informatique est composé principalement :
- de plusieurs postes informatiques ;
- d'un switch qui permet de relier les ordinateurs, les serveurs et les imprimantes entre eux ;
- d'un modem ou routeur qui permet de se connecter au réseau Internet.

La connexion entre les différents éléments d'un réseau peut se faire par un câble réseau ou par une connexion wifi.

● Les protocoles Internet

Internet est la connexion de tous les réseaux du monde entier et utilise plusieurs langages de communication pour pouvoir transférer des données. Ces langages sont appelés « protocoles ». Il existe plusieurs protocoles :
- le protocole HTTP, qui permet de transférer des pages web ;
- le protocole FTP, qui sert à transporter des fichiers d'un ordinateur à un autre ;
- le protocole SMTP, qui permet d'envoyer des méls ;
- le protocole POP3, qui permet de recevoir des méls.

● L'utilisation des tablettes en réseau

Partager des fichiers à partir d'une tablette en réseau peut se faire à partir d'un cloud qui permet de stocker des ressources informatiques et de les partager.

Architecture simplifiée d'un réseau muni de tablettes et d'ordinateurs ayant accès à un cloud

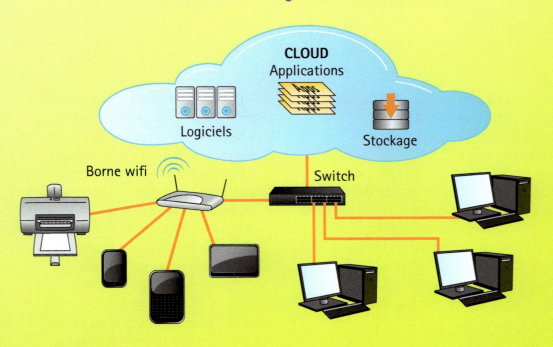

Évaluation

Découvrir un réseau informatique 15

📍 Attendus de fin de cycle
- Comprendre le fonctionnement d'un réseau informatique

Support 4 Podcast

doc 1 — La définition du podcast

Le podcast est un moyen de diffuser des fichiers audio ou vidéo sur Internet. Ces fichiers peuvent être écoutés ou visionnés directement, ou téléchargés à partir d'une tablette, d'un baladeur, d'un smartphone ou d'un ordinateur. L'enregistrement d'un son au moyen d'un micro est stocké immédiatement dans un serveur podcast et il peut être écouté en direct.

doc 2 — Webradio

Webradio au collège Darius Milhaud de Sartrouville

Une webradio est une station radio directement diffusée sur Internet. Le podcast est un moyen de diffuser les émissions de radio.

doc 3 — Le schéma simplifié d'un réseau local muni d'un serveur podcast

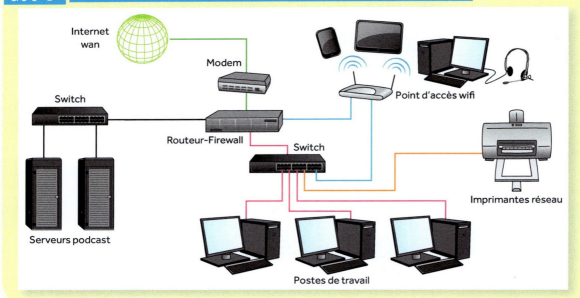

---

1. Où sont stockés les enregistrements audio et vidéo en vue d'un podcast (**doc 1**) ?

2. Quels sont les composants nécessaires pour réaliser une webradio d'après la photo du **doc 2** ?

3. Quel est le composant qui permet de connecter tous les ordinateurs entre eux (**doc 3**) ?

4. Quel est l'élément qui permet de se connecter au réseau Internet (**doc 3**) ?

5. Quel est le type de réseau présenté sur le **doc 2** ?

6. Quel est le protocole de communication utilisé pour visualiser le site Internet qui propose des podcasts ?

THÉMATIQUE
L'informatique et la programmation

16 Comprendre la programmation

Support 1 Scratch
La programmation par bloc

La programmation est un ensemble d'instructions qui permet à un système de fonctionner de manière autonome. Ces instructions peuvent être écrites sous forme de bloc que l'on assemble, afin de faciliter la compréhension des actions à réaliser.

La présentation Scratch

> Quelle est la fonction d'un bloc de programmation ?

Connaître et être capable de...

- Écrire, mettre au point (tester, corriger) et exécuter un programme commandant un système réel, et vérifier le comportement attendu S3
- Écrire un programme dans lequel des actions sont déclenchées par des événements extérieurs
  - Notions d'algorithme et de programme S2 S3
  - Notion de variable informatique S1 S2 S3
  - Déclenchement d'une action par un événement, séquences d'instructions, boucles, instructions conditionnelles S2 S3

Domaine 2 du socle commun

Support 2 Picaxe
Le déroulement d'un algorithme

La résolution de problème en mathématiques peut s'effectuer sous une forme graphique que l'on nomme « algorithme ». Cette lecture de programmation s'opère avec des formes géométriques qui possèdent une fonction précise.

Programmation par Picaxe

> Comment lire ces formes géométriques ?

Support 3 Lignes de code
Le code Arduino, du langage bloc au C

Projet

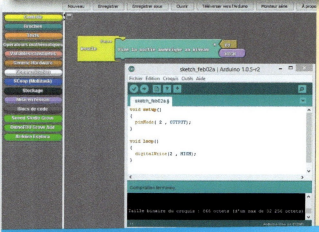

À l'origine, la programmation utilisait un langage sous forme de lignes de code avec des règles particulières en fonction des instructions à réaliser. Depuis l'arrivée des logiciels *open source*, la rédaction des lignes de code par l'usage de blocs est plus simple.

La programmation Ardublock

> Comment interpréter des lignes de code en langage bloc ?

THÉMATIQUE
L'informatique et la programmation

Support 1 : Scratch

doc 1 — La programmation Scratch

C'est une interface qui permet de créer son programme sous forme de blocs, à la manière de pièces de legos que l'on assemble. La même démarche est utilisée pour la programmation. Cela permet de suivre le déroulement du programme par une lecture d'instructions simples.

doc 2 — La définition des instructions

Les instructions sont des actions que l'on doit réaliser lors de la lecture du programme, par exemple : avancer, tourner, allumer. Un programme informatique est une suite d'instructions lues étape par étape.

doc 3 — L'interface Scratch

doc 4 — Les blocs de type « contrôle »

doc 5 — Un exemple de programme

1. Combien de types d'instructions y a-t-il dans Scratch (**doc 3**) ?
2. Pourquoi les différentes instructions sont-elles de couleur différente (**doc 3**) ?
3. Comment se différencient les blocs d'un même type (**doc 4**) ?
4. Quelle est la particularité de ce programme (**doc 5**) ?
5. Sous quelle condition peut commencer ce programme (**doc 5**) ?
6. Expliquez, étape par étape, le programme du **doc 5**.

Pour aller plus loin

https://scratch.mit.edu/Vidéo

Support 2 Picaxe

doc 1 — L'algorithme Picaxe

Les objets techniques programmables sont d'abord arrivés dans le monde industriel. Le constructeur Picaxe a mis au point des maquettes didactiques pour l'éducation. Il a adapté les langages programmables à un public plus large. La méthode de programmation employée est l'algorithme.

doc 2 — Une présentation Logiator

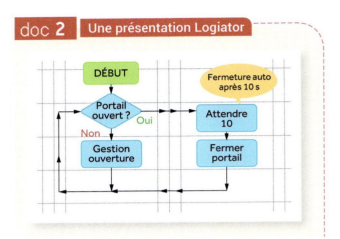

doc 3 — La définition d'un algorithme

L'algorithmique est l'étude et la production de règles et techniques qui permettent de résoudre un problème étape par étape. La lecture d'un algorithme va s'effectuer de manière verticale (de haut en bas). Chaque question va permettre d'atteindre une autre question en fonction de la réponse fournie.

doc 4 — L'interface Logicator

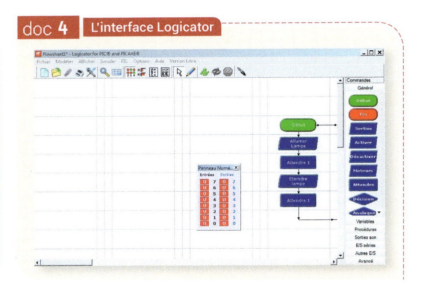

---

1. Donnez, avec vos propres termes, une définition pour les deux zones du **doc 4**.
2. Comment les différentes instructions sont-elles différenciées ?
3. D'après le **doc 1**, comment lit-on un test ? Expliquez votre réponse.
4. Quel est l'intérêt d'insérer des commentaires dans un programme (**doc 4**) ?
5. Traduisez les deux programmes du **doc 4**.

Pour aller plus loin
http://www.picaxe.fr/

THÉMATIQUE
L'informatique et la programmation

Support 3 Lignes de code

Langage C avec Arduino : utilisation de blocs de programmation convertis en lignes de code pour programmer un composant Arduino.

Étude préalable

doc 1 — Les applications *open source* (libres de droit)

Ces applications ont permis d'ouvrir le monde de la programmation à un public débutant. Certaines applications ont été adaptées pour faciliter l'écriture de programmes au départ complexes. Les composants Arduino utilisent à l'origine une programmation en lignes de code. Des interfaces permettent d'écrire un programme par des blocs, pour les convertir ensuite en lignes de code et ainsi faciliter la programmation des composants Arduino.

doc 2 — Le programme en lignes de code Arduino

doc 3 — La définition d'une interface

Une interface est un dispositif qui permet de traduire des informations de systèmes n'utilisant pas le même fonctionnement. Par exemple, un traducteur sert d'« interface » pour des personnes ne parlant pas la même langue.

doc 4 — La présentation interface Ardublock

doc 5 — Un programme Arduino

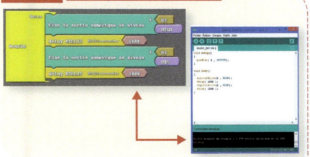

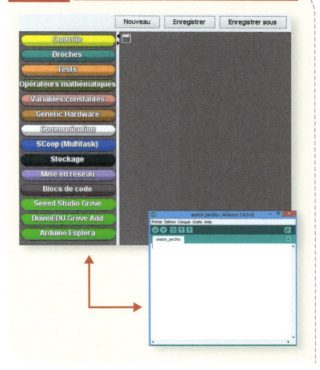

---

1 Comment se repère-t-on dans la lecture d'un programme sous forme de lignes (**doc 2**) ?

2 Quels éléments de ponctuation permettent de définir les différentes informations (**doc 2**) ?

3 Quels sont les avantages d'une interface en programmation (**docs 3** et **4**) ?

4 Expliquez le programme du **doc 5**.

5 À partir du **doc 5**, repérez chaque bloc de couleur avec sa ligne de programmation.

Comprendre la programmation 16

Application

doc 6 — Le projet de programmation d'un objet technique

Objectif : on vous a demandé d'automatiser un feu tricolore. Chaque feu doit pouvoir changer de couleur (ordre : vert, rouge, orange) pendant un intervalle de 1 minute. Ce feu doit pouvoir fonctionner de manière autonome.

doc 7 — Des exemples de composants électroniques

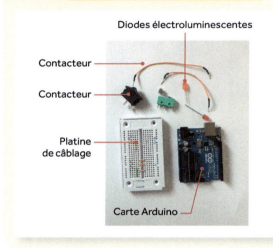

doc 8 — La définition d'une variable

Une variable est une information qui va changer dans le temps. Des variables qui évoluent au cours du temps sont appelées « analogiques ». Des variables qui ne prennent que deux états possibles sont appelées « numériques ».

doc 9 — La définition de l'implantation

L'implantation est l'action de placer des éléments différents dans un espace donné. En règle générale, on prend la vue du dessus comme vue de référence pour l'implantation.

doc 10 — La schématisation d'un circuit électronique

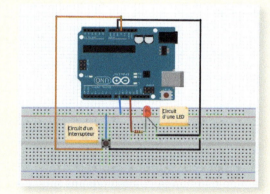

---

6 Faites la liste du matériel dont on va avoir besoin pour réaliser le feu tricolore.

7 Proposez par groupes une implantation de vos différents feux à l'aide d'un croquis (**docs 6** et **7**).

8 Énoncez les différentes variables et instructions de votre futur programme.

9 Décrivez de manière précise le fonctionnement de votre feu sous forme de texte.

10 Avec l'interface Ardublock, proposez votre programme pour ce projet.

Pour aller plus loin

www.arduino.cc/
www.semageek.com/arduino-presentation-et-traduction-en-francais-de-ardublock/

16 Comprendre la programmation

À retenir

● Une définition de la programmation

La programmation est la rédaction d'informations pour faire fonctionner un objet technique. Elle concerne principalement les objets techniques qui sont automatisés. Lors de l'écriture d'un programme, on utilise un langage de programmation qui va être spécifique à chaque objet technique.

L'objectif de la programmation est d'écrire un programme pour faire fonctionner de manière automatique un objet technique.

- **Automatiser** : action qui permet à un objet technique de fonctionner de manière autonome.
- **Langage de programmation** : langage que l'on a adapté pour qu'un objet technique fonctionne. Il existe différents types de programmation (exemple : langage C, algorithme, le bloc…).

Étapes pour programmer un objet technique

Programmation pour un objet technique

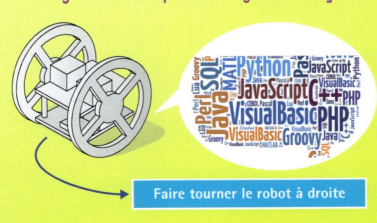

Comprendre la programmation 16

Évaluation

📍 **Attendus de fin de cycle**
▸ Écrire, mettre au point et exécuter un programme

Support 4 LegoMindstorm

doc 1 — L'utilisation de briques legos

Elle est relativement simple et permet de réaliser des objets techniques de formes et de tailles différentes. Avec les legos techniques, des modèles intégrant des mécanismes (vérin, engrenage) ont été développés. Aujourd'hui, des objets peuvent fonctionner en autonomie grâce à une brique dite « intelligente ». Cette brique va pouvoir être programmée.

doc 2 — La présentation d'un lego Mindstrom EV3

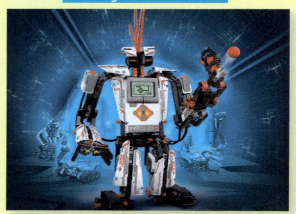

doc 3 — L'interface EV3

doc 4 — La boucle et la condition

Boucle : action de répéter une ou plusieurs fois un même ensemble d'instructions.
Condition : action réalisée au moment où un événement précis est atteint.

doc 5 — Le programme EV3

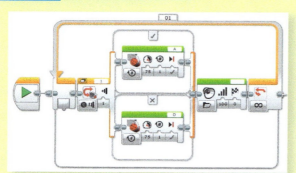

1. Quel type de programmation utilise l'interface EV3 (**doc 3**) ?
2. Décrivez la manière de représenter une boucle et une condition avec EV3 (**docs 3** et **4**).
3. Expliquez le programme du **doc 5**.
4. Proposez une modification de ce programme pour faire fonctionner deux moteurs dans la condition présentée par le **doc 5**.
5. Modifiez la boucle infinie par un nombre précis de répétitions (**doc 5**).
6. Testez votre programme.

THÉMATIQUE
L'informatique et la programmation

17 Préparer un programme

Support 1 Microcontrôleur
Une carte pour piloter un robot

Les domaines de l'électronique utilisent aujourd'hui des cartes intégrées. L'électronique est présente dans l'informatique, les objets connectés, les moyens de locomotion. Le microcontrôleur est la pièce maîtresse des cartes de prototypage.

Carte de prototypage à microcontrôleur

> *De quoi une carte électronique est-elle composée* **?**

Connaître et être capable de...

- Analyser le comportement attendu d'un système réel et décomposer le problème posé en sous-problèmes, afin de structurer un programme de commande **S1** **S2**
- Écrire, mettre au point (tester, corriger) et exécuter un programme commandant un système réel et vérifier le comportement attendu **S2** **S3**

Domaines 1 et 4 du socle commun

Support 2 JavaScript
La simulation d'un robot aspirateur avec JavaScript

JavaScript est un langage de programmation de scripts, c'est-à-dire une suite de commandes prédéfinies qui s'exécutent les unes après les autres. Il est principalement employé dans les pages web interactives. Ce langage a été créé en 1995 par Brendan Eich, membre de la fondation Mozilla. C'est un langage précis, qui s'intègre dans une page web html pour la rendre dynamique.

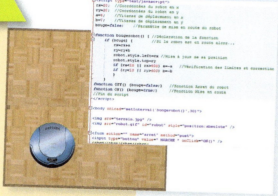

Code JavaScript et page associée

> **Comment programmer le déplacement d'un robot aspirateur en JavaScript ?**

Support 3 Basic
L'automatisation des tâches d'un tableur

Projet

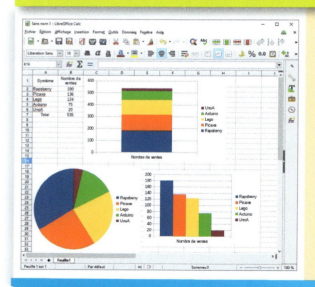

Un tableur est un programme informatique capable de manipuler des feuilles de calcul comme Libre Office Calc ou Microsoft Excel. Il est très utile pour comparer des données, créer des graphiques, réaliser des calculs automatisés. De plus en plus d'objets techniques collectent des données qui sont transmissibles *via* une carte d'interface à un ordinateur. Mais ces données sont souvent illisibles et de nombreuses actions sont nécessaires pour les interpréter facilement. Les macros automatisent ces actions.

> **Comment concevoir des macros dans un tableur ?**

145

THÉMATIQUE
L'informatique et la programmation

Support 1 Microcontrôleur

doc 1 — Les cartes électroniques

Les cartes électroniques sont aussi appelées « circuits imprimés ». Pour concevoir une carte électronique, il faut tout d'abord réaliser un plan du circuit électronique, puis choisir les composants de la carte électronique. Il existe plusieurs formes de composants et plusieurs dimensions. Un schéma de routage permet de relier les composants entre eux puis le fabricant passe à la fabrication du circuit imprimé ou PCB (Printed Circuit Board).

doc 2 — La carte électronique et le schéma électronique d'un portail électrique

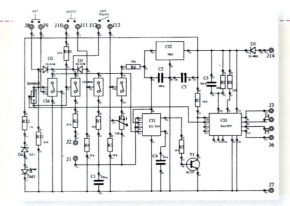

doc 3 — Les cartes à microcontrôleurs

Aujourd'hui, pour des questions de simplicité et de réduction des coûts, les concepteurs utilisent de plus en plus de cartes avec des microcontrôleurs qui permettent un prototypage rapide. Le prototypage rapide consiste à produire en quelques heures des pièces ou des parties de système avec précision. Avec ces cartes, les concepteurs peuvent effectuer des tâches très diverses : par exemple dans le domaine de la domotique (contrôle des appareils domestiques, de l'éclairage, du chauffage), pour le pilotage d'un robot… Les possibilités sont quasiment infinies.

doc 4 — Une machine à trier les bonbons (microcontrôleur Arduino)

doc 5 — Un robot (microcontrôleur Picaxe)

1. Citez trois composants électroniques que vous connaissez, puis donnez leur fonction (**docs 1** et **2**).

2. Quel est l'intérêt, aujourd'hui, d'utiliser des microcontrôleurs (**doc 3**) ?

3. Identifiez les composants qui sont reliés à la carte électronique (**doc 5**).

4. Écrivez l'algorithme de la machine trieuse de bonbons (liste détaillée et ordonnée de toutes les opérations à exécuter) (**doc 4**).

Support 2 JavaScript

doc 1 — Un robot aspirateur en JavaScript

Un robot aspirateur nettoie une pièce en détectant les obstacles. Le Roomba, fabriqué par la société iRobot, est l'un des premiers aspirateurs domestiques autonomes. iRobot a été fondée en 1990 par des experts en robotique du Massachusetts Institute of Technology (MIT), qui souhaitaient transformer les robots en aides domestiques. Plus de 10 millions de robots ménagers ont été vendus dans le monde et le produit Roomba est le leader du marché au Japon.

doc 2 — Le robot aspirateur Roomba

doc 3 — La simulation du comportement d'un robot aspirateur sur un navigateur web

doc 4 — Le programme JavaScript permettant au robot de se déplacer dans la pièce

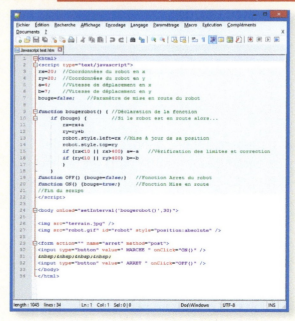

1. Comment un vrai robot aspirateur (**doc 1**) peut-il détecter les murs ?
2. Dessinez l'algorithme du robot aspirateur (algorigramme) du **doc 2**.
3. De quels fichiers la page web du **doc 3** est-elle constituée ?
4. Comment sont indiqués les commentaires du programme (**doc 4**) ?
5. Expliquez étape par étape ce que fait le programme (**doc 4**).
6. Expliquez, à l'aide du **doc 4**, comment l'image du robot est déplacée sur le sol.
7. Comment peut-on changer la vitesse de déplacement du robot dans le programme ?
8. Proposez un programme en JavaScript permettant au robot d'éviter un objet situé au centre de la pièce.

Thématique
L'informatique et la programmation

Support 3 Basic — Projet

Étude préalable

doc 1 — Une station météo connectée

Une station météorologique est un ensemble de capteurs qui enregistrent et fournissent des mesures physiques et des paramètres météorologiques liés aux variations du climat. Ces capteurs sont placés dans un boîtier et reliés à une station relevant les données.

doc 2 — La nature des signaux

Pour mesurer les conditions atmosphériques sur une longue période, il est possible d'utiliser une station météo composée de plusieurs capteurs de type analogique. Le signal envoyé sera une courbe. Les capteurs vont transmettre de nombreuses données. Ces informations sont transformées en valeurs numériques par un convertisseur : le signal devient une suite de 0 et de 1, valeurs qui sont ensuite récupérées et analysées directement dans un tableur.

doc 4 — L'utilisation des macros en langage Basic

Dans un tableur, il est possible de créer des tâches automatisées. Elles sont utiles lorsqu'une même action est à répéter plusieurs fois. Pour un tableur, ces blocs de programmation sont appelés « macros ». Une macro est une séquence enregistrée de commandes ou de saisies au clavier, qui sont conservées pour une utilisation ultérieure et sont écrites en Basic. Exemple d'une macro :

```
Sub MacroBonjour      'Nom de la macro
MsgBox «Bonjour tout le monde !»
         'Affichage d'une boîte de dialogue
End Sub
```

doc 3 — Le convertisseur de signaux analogiques en numériques

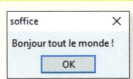

---

1. Citez les capteurs que l'on peut retrouver sur une centrale météo (**doc 1**).

2. Indiquez la nature des signaux qui peuvent être envoyés depuis des capteurs jusqu'à la centrale (**doc 2**).

3. Indiquez la nature des signaux transmis de la centrale vers le tableur et expliquez la différence (**doc 3**).

4. Comment appelle-t-on le langage de programmation utilisé dans un tableur (**doc 4**) ?

5. Comment appelle-t-on les programmes dans un tableur (**doc 4**) ?

6. Comment sont indiqués les commentaires dans une macro (**doc 4**) ?

7. Écrivez la macro qui permettrait d'afficher, « L'exécution du programme est terminée ».

Préparer un programme 17

Application

doc 5 — La mise en forme des données

Afin de rendre plus lisibles les résultats de la station météo, un développeur a inventé une macro qui crée un dégradé de couleurs en fonction des valeurs extrêmes. La macro lit la couleur de la cellule C1 (valeur minimale de la colonne C) puis celle de la cellule C2 (valeur maximale de la colonne C), puis décompose ces couleurs en code RGB (Red, Green, Blue). Ces codes couleurs sont stockés dans d'autres cellules (AA3, AB3... AC34), puis la macro calcule la nuance de couleur à appliquer pour chaque cellule de la colonne C et la colorie.

doc 6 — La macro permettant de créer un dégradé de couleurs pour la colonne C

doc 7 — Les résultats avant et après le traitement par la macro

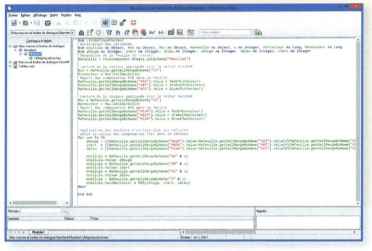

8 Comment les couleurs sont-elles codées en informatique (**doc 5**) ? Pourquoi ?

9 Comment se nomme la macro créée pour le dégradé (**doc 6**) ?

10 À quoi servent les lignes Dim (**doc 6**) ?

11 Citez la ligne de code permettant de designer la feuille sur laquelle on doit appliquer la macro.

12 Citez les lignes de code permettant de sélectionner la cellule C1 et de lire la couleur de fond.

13 Dans quelles cellules sont enregistrés les codes RGB qui correspondent à la couleur de fond de la cellule C1 ?

14 La macro utilise à la fin du programme une boucle « For x = 4 to 33... Next ». Expliquez le rôle de cette partie du programme (boucle).

15 Dessinez l'algorithme de cette macro.

16 Proposez une macro qui permettrait de créer un dégradé pour la colonne D.

17 Réalisez une macro permettant de mettre en couleur toutes les colonnes de données du tableur. Elle devra être lancée à partir d'un bouton à cliquer et s'exécutera pour toutes les colonnes. Présentez la macro sous forme d'un algorithme.

17 Préparer un programme

À retenir

La structure d'un programme

Il existe de multiples langages pour créer un programme et l'allure du programme dépend du type de langage utilisé. Un programme est toujours constitué d'une suite d'instructions qu'une machine ou qu'un microcontrôleur doit exécuter. Ils exécutent les instructions au fur et à mesure, dans l'ordre du programme. Lorsqu'ils arrivent à la fin du programme, ils s'arrêtent.

Pour décrire le fonctionnement d'un programme ou d'un système automatisé, on dessine un algorithme (langage universel pour comprendre et expliquer étape par étape les actions attendues).

La notions de variable

Dans tous les langages de programmation, on travaille avec des variables, c'est-à-dire qu'on associe un nom ou une étiquette à un contenu. On peut ainsi appeler une variable « data1 » et y stocker l'état d'un capteur numérique.

Les types de données

Certains langages acceptent que l'on associe à un nom de variable n'importe quel type de donnée, mais d'autres, comme le langage Basic pour les macros, imposent de définir au préalable le type de donnée qui sera stockée par la variable (commande « Dim »). Les données peuvent être de type booléen (vrai ou faux), un nombre entier, un nombre relatif, une chaîne de caractères, un objet, etc.

La syntaxe

Lorsque l'on crée un programme, il faut respecter une syntaxe rigoureuse. Selon les langages, la manière d'écrire des commentaires est différente.

L'algorithme d'un robot et sa conversion en programme Basic

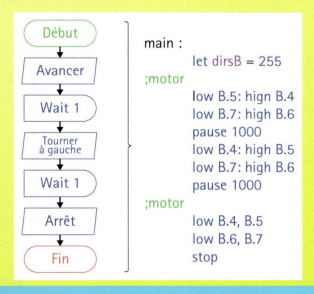

Évaluation

Préparer un programme 17

Attendus de fin de cycle
- Écrire, mettre au point et exécuter un programme

Support 4 — Serre d'horticulture

doc 1 — L'automatisation d'une serre

Un horticulteur souhaite automatiser ses serres afin d'économiser sa consommation d'eau et d'énergie. Actuellement, il dispose d'un système d'irrigation mais qui est contrôlé manuellement et qu'il déclenche selon les besoins qu'il observe. Il peut gérer les vannes à distance et déplacer son arrosage le long du tunnel.

doc 2 — Une serre en cours d'arrosage

doc 3 — Le choix de l'horticulteur

Après avoir étudié différents catalogues et consulté des automaticiens, l'horticulteur s'est décidé à installer trois capteurs :
– un capteur d'humidité ;
– un capteur de température ;
– un capteur débitmètre.

doc 4 — Les trois capteurs retenus

1. Pourquoi l'horticulteur a-t-il besoin d'automatiser ses serres ?

2. Dessinez l'algorithme d'une serre sans les capteurs (**docs 1** et **2**).

3. Justifiez le choix des capteurs pour automatiser la serre (**doc 3**).

4. Expliquez étape par étape le fonctionnement de la serre avec les capteurs intégrés (**docs 3** et **4**).

5. Dessinez l'algorithme de la serre avec les capteurs.

6. Identifiez les variables qui vont intervenir dans la programmation de la serre.

7. Écrivez un programme en JavaScript qui présente le fonctionnement de la serre automatisée.

18 Mettre en œuvre un programme

THÉMATIQUE L'informatique et la programmation

Support 1 | MIT App Inventor
La création d'une application pour smartphone

Une application mobile est un logiciel développé spécifiquement pour un appareil électronique mobile : un téléphone portable, un smartphone, un baladeur numérique, une tablette tactile. Les applications sont pour la plupart distribuées par des plateformes de téléchargement comme le Play Store (Google) ou l'App Store (Apple). Mais il est possible de développer soi-même une application, grâce à l'outil graphique appelé « MIT App Inventor ».

Applications sous Androïd

> Comment créer simplement une application pour smartphone Androïd ?

● **Connaître et être capable de...**
- Analyser le comportement attendu d'un système réel et décomposer le problème posé en sous-problèmes afin de structurer un programme de commande S1 S2
- Écrire, mettre au point (tester, corriger) et exécuter un programme S2 S3
- Écrire un programme dans lequel des actions sont déclenchées par des événements extérieurs S3

Domaines 1 et 4 du socle commun

Support 2 Langage Python
La programmation avec Python

Le langage Python est un langage de programmation objet. Il est placé sous une licence libre et utilise une syntaxe simple. Il a en effet été conçu pour être un langage lisible, visuellement épuré, contrairement au langage C ou Pascal. Ce qui le rend facile à apprendre, à lire, à comprendre et à écrire. De plus, il est compatible avec de multiples plateformes, de Windows à Linux, sans modification.

> Comment s'initier au langage Python

Support 3 Raspberry Pi 2 type B
Un projet sous Raspberry Pi 2 B

Projet

Le Raspberry Pi 2 B est un ordinateur monocarte de la taille d'une carte de crédit, qui peut se connecter à un téléviseur et à un clavier. Il démarre directement depuis la carte micro-SD et fonctionne sous OS Linux, mais il est aussi compatible avec Windows 10. Il peut aisément piloter des actionneurs grâce au langage Python.

> Comment piloter des actionneurs avec un Raspberry Pi 2 B ?

THÉMATIQUE
L'informatique et la programmation

Support 1 — MIT App Inventor

doc 1 — L'App Inventor

App Inventor pour Androïd est un site interactif développé à l'origine par Google. Il simplifie la création d'applications sous Androïd et les rend accessibles, même pour les novices et ceux qui ne sont pas familiers avec les langages de programmation. Il est possible de créer de multiples applications pouvant même piloter des objets réels. Ainsi, des blocs préprogrammés pour les lego Mindstorms existent et il est possible de piloter une carte type Arduino.

doc 2 — L'interface « Designer » de l'App Inventor 2

L'interface « Designer » est découpée en quatre volets.
Le premier, appelé « Palette », permet de sélectionner les composants de l'interface utilisateur. Le concepteur dispose de boutons, de cases à cocher, de zone image, de zone de texte, etc.
Le deuxième volet, appelé « Interface », présente l'écran du smartphone tel qu'il sera une fois l'application lancée. Il est possible de masquer des composants pour ne les faire apparaître que plus tard.
Le troisième volet est appelé « Composants ». C'est une colonne dans laquelle s'affichent tous les éléments que le concepteur a insérés sur l'interface. Ce volet permet de sélectionner plus facilement les composants pour les paramétrer.
Enfin, le quatrième volet est appelé « Propriétés ». Ce volet change en fonction du composant sélectionné et permet de régler les dimensions de celui-ci, sa couleur et ses caractéristiques propres.

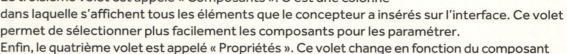

doc 3 — L'interface « Blocs de programmation »

L'interface « Blocs » est découpée en deux volets. Pour y accéder, il suffit de créer des éléments dans l'interface « Designer » puis de cliquer sur le lien « Blocs » situé en haut à droite de l'écran.
La partie gauche de l'écran, appelée « Blocs » également, permet de sélectionner le type d'action à réaliser comme les blocs « Contrôle » (si… alors…), des blocs « Logiques » (vrai, faux), des blocs « Maths » (… + … , … = … , etc.), des blocs « Texte » (comparer textes, majuscules, contient texte), etc.
Dans la partie droite, c'est la programmation qui se fait par assemblage des blocs disponibles. Il suffit de glisser les blocs et de les assembler en fonction des actions attendues.
Ainsi, réaliser une application Androïd devient aussi facile que de construire une structure en lego. Très simple d'apprentissage, ce système de blocs préprogrammés est de plus en plus utilisé dans l'initiation à la programmation.

1. Quel avantage présente le logiciel du MIT pour des développeurs débutants (**doc 1**) ?
2. Comment rajouter un bouton « Indice » sur l'écran du smartphone (**doc 2**) ?
3. Reformulez en quelques phrases les actions qui seront réalisées lors du clic sur le composant « Bouton_Vérifier » (**doc 3**).
4. Comment programmer le bouton « Indice » que vous venez de rajouter (**doc 3**) ?
5. Testez votre solution sur le site du MIT App Inventor 2.

Support 2 — Langage Python

doc 1 — La programmation avec Python

Python est un langage de programmation inventé par Guido van Rossum. La première version de Python est sortie en 1991. Python est un langage de programmation interprété, c'est-à-dire qu'il n'est pas nécessaire de le compiler avant de l'exécuter. En effet, avec les langages précédents, il fallait écrire le programme puis le compiler afin de générer un nouveau fichier exécutable mais non modifiable. Au contraire, le langage Python est directement modifiable et plus facile à partager.

doc 2 — Des exemples d'applications réalisées sous Python

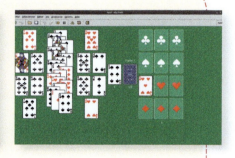

doc 3 — Les bibliothèques

De nombreuses fonctions existent dans le langage de base mais il est très facile d'étendre les fonctionnalités existantes. Il existe ce que l'on appelle des « bibliothèques » qui aident le développeur à travailler sur des projets particuliers, par exemple la création d'une boîte de dialogue à partir d'un modèle existant. Plusieurs bibliothèques peuvent être installées pour développer des interfaces graphiques en Python ou encore pour piloter des cartes comme le Rapsberry Pi.

doc 4 — Un programme permettant de créer une machine à calculer

```
from tkinter import *  #Import de la bibliotheque Tkinter
from math import *  # Import de la bibliotheque math

def calculer(event):
    chaine.configure(text = "Resultat = " + str(eval(entree.get())))

screen = Tk()    # Creation de la variable screen comme etant la fenetre 1
screen.title('Taper votre cacul puis valider avec Enter !') # Titre de la fenetre 1
screen.geometry("400x50") # Dimensionne la fenetre 1
screen.resizable(width=False, height=False) # Interdit la modification des dimensions

entree = Entry(screen)   # Creation de la variable entree en tant que zone de texte
entree.bind("<Return>", calculer) # Lors de l'appui sur la touche Enter, realisation du calcul
chaine = Label(screen)
entree.pack()
chaine.pack()

screen.mainloop() # Boucle le programme la fenetre pour eviter qu'elle ne se ferme apres le calcul
```

doc 5 — Le résultat après l'exécution du programme

> Taper votre cacul puis valider avec Enter !
> 25+3
> Resultat = 28

---

1 Expliquez avec vos propres termes « un langage de programmation interprété » (**doc 1**).

2 Cherchez d'autres applications réalisées avec Python.

3 À quoi servent les bibliothèques ? Quel est leur intérêt (**doc 3**) ?

4 Quelle bibliothèque est utilisée pour afficher une fenêtre (**doc 4**) ?

5 Listez les variables utilisées dans le programme et précisez leur fonction et leur type (**doc 4**).

THÉMATIQUE
L'informatique et la programmation

Support 3 Raspberry Pi 2 — Projet

Étude préalable

doc 1 — Le Raspberry Pi 2

Le Raspberry Pi 2 est une petite carte de type mini PC, à moins de 40 €. Le but initial du projet était de permettre aux étudiants de s'équiper du même matériel qu'en classe. Après plusieurs années de développement et plusieurs versions, le projet a bien évolué. Ces cartes disposent désormais de multiples entrées-sorties pour piloter des objets réels.

doc 2 — La carte Raspberry et ses connexions possibles

doc 3 — La nomenclature du Raspberry Pi 2

Les numéros renvoient au doc 2.
① Connecteur USB pour brancher un clavier, une souris, un disque dur externe, etc.
② Connecteur Ethernet pour relier la carte au réseau et à Internet.
③ Connecteur audio pour brancher un casque ou une enceinte.
④ Connecteur HDMI pour brancher un moniteur ou un écran tactile.
⑤ Prise d'alimentation type micro USB.
⑥ Connecteur carte mémoire SD contenant l'OS.
⑦ Connecteur GPIO pour piloter des actionneurs ou recevoir l'information de capteurs.

doc 4 — La carte et ses ports d'entrées-sorties

+3,3 Volts	①	②	+ 5 Volts
GPIO 2	③	④	+ 5 Volts
GPIO 3	⑤	⑥	Masse
GPIO 4	⑦	⑧	GPIO 14
Masse	⑨	⑩	GPIO 15
GPIO 17	⑪	⑫	GPIO 18
GPIO 27	⑬	⑭	Masse
GPIO 22	⑮	⑯	GPIO 23
+3,3 Volts	⑰	⑱	GPIO 24
GPIO 10	⑲	⑳	Masse
GPIO 9	㉑	㉒	GPIO 25
GPIO 11	㉓	㉔	GPIO 8
Masse	㉕	㉖	GPIO 7

doc 5 — Les entrées et sorties numériques

La carte Raspberry Pi donne accès à des **entrées et sorties numériques** appelées GPIO (*General Purpose Input & Output*) et contrôlées par le processeur ARM. Elles sont à usage multiple :
– en entrée numérique tout ou rien (détection d'un interrupteur) ;
– en sortie numérique tout ou rien (activation d'un relais) ;
– en sortie numérique PWM (contrôle puissance moyenne) ;
– en protocole I2C ou SPI (échange entre une ou plusieurs puces) ;
– en protocole UART (échange avec une seule puce ou un PC).

1. Quelles différences relevez-vous entre le Raspberry Pi 2 et un ordinateur « classique » (**docs 1**, **2** et **3**) ?
2. De combien d'entrées et sorties dispose un Raspberry (**doc 4**) ?
3. Que signifie GPIO (**doc 5**) ?
4. Quel est l'intérêt des broches à usage multiple (**doc 5**) ?
5. Cherchez des applications, *via* Internet, mettant en œuvre ce type de carte.

Mettre en œuvre un programme 18

Application

doc 6 — Un montage

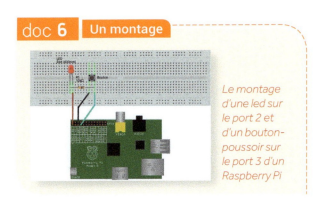

Le montage d'une led sur le port 2 et d'un bouton-poussoir sur le port 3 d'un Raspberry Pi

doc 7 — La programmation GPIO de la led connectée sur le port 2 avec Python

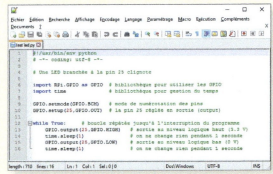

doc 8 — L'utilisation du langage Python

Le programme écrit en Python permet d'affecter le port 2 en sortie et de faire clignoter la led à la fréquence d'une seconde. Les commentaires donnés par le développeur permettent de comprendre les différentes étapes exécutées par la carte. Le passage par le langage Python offre davantage d'options dans l'utilisation et le paramétrage de la carte. Il est également possible de créer des scripts différents et un script principal qui les appelle, simplifiant ainsi les modifications.

doc 9 — Une programmation GPIO avec Scratch

doc 10 — L'utilisation du logiciel Scratch

Ici, le programme, développé avec le logiciel Scratch, permet de lire l'état du bouton-poussoir connecté sur le port 3. S'il est actif, le programme allume la led sur le port 2 durant une seconde, puis le programme recommence indéfiniment.

6 Comparez les deux programmes (**docs 7** et **9**). Quelles différences observeriez-vous si les deux programmes étaient exécutés ?

7 Quel langage vous paraît le plus simple à utiliser pour démarrer ?

8 Selon vous, quel avantage présente l'utilisation du langage Python dans un projet (**docs 7** et **8**) ?

9 Programmez un robot avec un Raspberry Pi en utilisant le langage de programmation avec lequel vous êtes le plus à l'aise : soit Scratch, soit directement en langage Python.

10 **Travail en équipe** : vous souhaitez automatiser votre boîte aux lettres afin qu'elle vous adresse un signal lorsqu'une lettre ou un colis y a été déposé. L'information sera affichée par une led qui s'allumera si la boîte aux lettres a été ouverte.
Proposez un projet complet illustrant vos solutions à l'aide d'un Raspberry et de capteurs. Le choix des capteurs est libre mais devra être justifié. Votre dossier doit contenir une présentation des solutions choisies, ainsi que la programmation prévue de la boîte aux lettres domotisée.

18 Mettre en œuvre un programme

À retenir

● La mise en œuvre d'un programme

En informatique, la « mise en œuvre » désigne la création d'un produit fini à partir d'un document de conception, voire directement depuis un cahier des charges. Lorsque l'on conçoit un projet, il faut organiser sa mise en œuvre. Cela nécessite d'identifier précisément les fonctions attendues, d'identifier les moyens indispensables, de programmer la répartition des tâches, et de déterminer les rôles de chacun des membres du projet.

● Le logiciel

Un logiciel est un ensemble de séquences d'instructions interprétables par une machine et d'un jeu de données nécessaires à ces opérations. Le logiciel détermine donc les tâches qui peuvent être effectuées par la machine, ordonne son fonctionnement et lui procure ainsi son utilité fonctionnelle.
Créer un logiciel est un travail intellectuel qui prend du temps. La création de logiciels est souvent le fait d'une équipe.

● Les langages informatiques

Dans ce chapitre, deux langages informatiques ont été découverts.
• Le langage Python, composé d'instructions. Les instructions dans ce langage sont séparées dans le programme, soit par un point-virgule, soit par un retour à la ligne. Le langage Python commence par la première ligne puis, si celle-ci contient une instruction, il l'exécute. Si l'instruction n'est pas une instruction de contrôle, il passe à la ligne suivante. Si le programme Python arrive à la fin du fichier à exécuter, il sort du programme et en arrête l'exécution.
• Le langage Scratch est un environnement de programmation multimédia à vocation pédagogique, développé par le Media Lab du MIT. Il permet, dès l'école primaire, une initiation à la conception et à la programmation informatique par une approche simple et ludique. Scratch est dynamique : il permet de modifier les blocs du programme en cours d'exécution. Aucune ligne de code à entrer : c'est un langage très intuitif.

Processus de mise en œuvre d'un programme

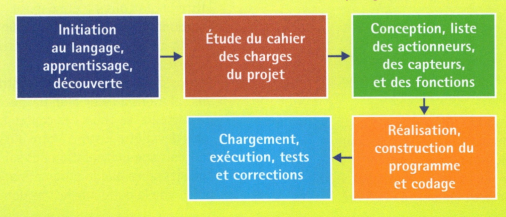

Évaluation

Mettre en œuvre un programme 18

📍 Attendus de fin de cycle
- Écrire, mettre au point et exécuter un programme

Support 4 — Création d'un jeu vidéo

doc 1 — La bibliothèque Pygame

Pour créer un jeu vidéo avec le langage Python, il est possible d'utiliser une bibliothèque dédiée appelée « Pygame ». En observant les projets déjà développés, on remarque que Pygame n'est plus utilisée exclusivement pour des jeux vidéo, mais qu'elle l'est aussi pour des applications diverses nécessitant du graphisme.

doc 2 — Le logo de Pygame et exemples de jeux créés

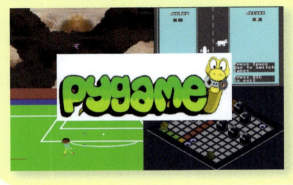

doc 3 — Le cahier des charges du jeu

Objectif du jeu : un poisson s'est échappé de son bocal. Vous devez le guider jusqu'à son bocal. Le poisson démarre du haut de la fenêtre et doit se déplacer avec les flèches du clavier. Si vous souhaitez quitter le jeu, appuyez sur la touche « Echap ».

doc 4 — Présentation du jeu une fois lancé

1. Déterminez les variables dont vous aurez besoin pour le déplacement du poisson.
2. Écrivez le logigramme illustrant le déplacement du poisson.
3. Déterminez les variables dont vous aurez besoin pour la position du bocal.
4. Comment peut-on détecter l'arrivée du poisson dans le bocal ?
5. Écrivez le programme en langage Python et en utilisant la bibliothèque Pygame, qui simplifiera la gestion du jeu.

Enseignements Pratiques

Langues et cultures de l'Antiquité — 162

Procession de menuisiers, fresque romaine de Pompéi

Serre collectrice d'eau dans le désert

Transition écologique et développement durable — 164

Information, communication, citoyenneté — 166

Interdisciplinaires

Sciences, technologie et société — 168

Culture et création artistiques — 170

Bibigloo est une création de l'artiste HA Schult. Elle est réalisée avec 250 bidons recyclés

Corps, santé, bien-être — 172

EPI — Langues et cultures de l'Antiquité

Découvrir et reconstituer une domus

doc 1 — Les vestiges d'une maison romaine : la domus

La domus est une maison de ville.

La maison de Ménandre à Pompéi

Outils de maçon, relief de Pompéi

doc 2 — Une maison reconstituée

1. Vestibulum
2. Loge de l'ostiarius
3. Cubiculum
4. Atrium
5. Impluvium
6. Labarium
7. Tablinum
8. Culina
9. Cella
10. Hortus
11. Piscina
12. Peristylum
13. Triclinium

doc 3 — Pline le Jeune (Ier siècle) présente sa villa dans le livre II de ses *Lettres*

Ex alio latere cubiculum est politissimum ; deinde uel cubiculum grande uel modica cenatio, quae plurimo sole, plurimo mari lucet ; post hanc cubiculum cum procœtone, altitudine æstium, munimentis hibernum ; est enim subductum omnibus uentis. Huic cubiculo aliud et procœton communi pariete iunguntur. […]

Lettre XVII à Gallus

À gauche de cette salle à manger et un peu en retrait est une grande chambre, puis une plus petite, qui, d'une fenêtre reçoit les premiers rayons du soleil, de l'autre retient les derniers ; celle-ci donne aussi sur la mer, que l'on voit de plus loin, mais avec plus de sécurité. L'angle que forme la salle à manger avec le mur de la chambre semble fait pour réunir et pour concentrer les plus chauds rayons du soleil. C'est l'appartement d'hiver, et aussi le gymnase de mes gens. […]

> **Compétences en français**
> **Étude de la langue**
> - Maîtriser la structure, le sens et l'orthographe des mots
> - Observations morphologiques
>
> **Compétences en technologie**
> **Thématique : la modélisation et la simulation des objets et des systèmes techniques**
> - Identifier les matériaux
> - Décrire, en utilisant les outils et les langages de description adaptés, le fonctionnement, la structure et le comportement des objets

doc 4 — Les étapes de la construction d'une maquette de domus

La maison sera construite en carton plume découpé à l'aide d'un cutter. Pour les décors intérieurs et extérieurs, différentes techniques sont possibles : dessins faits directement sur le carton plume ou photocopies collées. La maquette est conçue pour six occupants.

Étape 1 : établir le plan de la maison.
Étape 2 : tracer les murs extérieurs de la maison en prévoyant l'emplacement des ouvertures (portes et fenêtres). Attention ! les murs ne doivent pas être trop hauts.
Étape 3 : découper les murs avec un cutter et une règle épaisse.
Étape 4 : décorer les murs de manière à respecter la réalité des matériaux utilisés lors de la construction.
Étape 5 : monter les murs extérieurs par collage.
Étape 6 : mesurer précisément les cloisons intérieures pour les tracer sur le carton plume.
Étape 7 : décorer les cloisons et les sols des différentes pièces, avant de les monter pour les coller.

doc 5 — Le jeu de l'enquête du Cluedo : plateau et cartes

Pour mener l'enquête, comme dans le jeu du Cluedo, il vous faut :
– 1 plateau de jeu : la maquette de votre domus ;
– 2 dés ;
– 6 pions de couleurs différentes (pour représenter les différents personnages) ;
– 5 armes (dague, glaive, javelot en bois, javelot en fer, lance) ;
– 9 cartes pour représenter les différentes pièces de la domus ;
– 6 cartes armes ;
– 6 cartes suspects : personnages romains de l'époque de Pline le Jeune ;
– 1 étui à énigme et 1 carnet de notes (feuilles d'enquête).

Propositions d'activités

1. Indiquez le nom français correspondant à chaque pièce de la maison romaine (**docs 2** et **3**).

2. Identifiez les termes qui ont été conservés ou transformés dans notre langue.

3. Comparez les matériaux de construction d'une maison romaine avec ceux d'une maison de notre époque (**docs 1** et **3**).

4. Reconstituez et réalisez la maquette d'une domus (**docs 1** et **4**).
   a) En carton plume ; b) avec le logiciel Sketchup.

5. En reprenant le modèle du Cluedo, recréez ce jeu dans la domus réalisée. Tous les termes seront écrits en latin et en français (**doc 5**).

EPI — Transition écologique et développement durable

Chercher des solutions pour lutter contre le gaspillage de l'eau

doc 1 — La répartition de l'eau douce sur la Terre

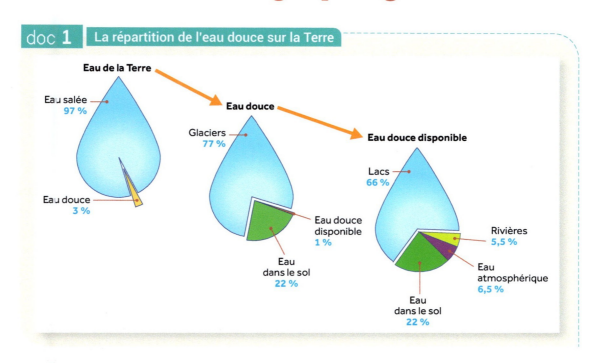

doc 2 — La disponibilité de l'eau douce dans le monde en 2025

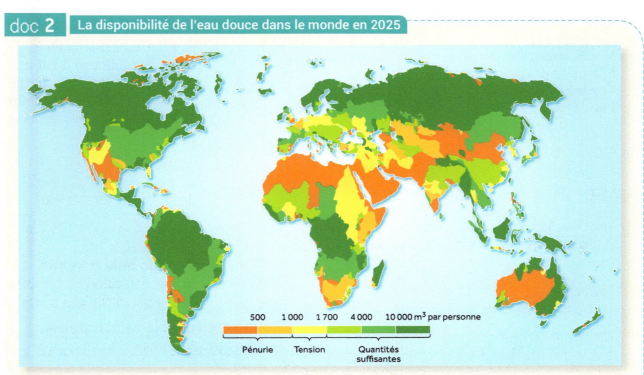

Compétences Géographie
- Thème 2 : Des ressources limitées, à gérer et à renouveler (l'eau)
- Thème 3 : Prévenir les risques, s'adapter au changement global

Compétences Sciences de la vie et de la terre
- Caractériser les enjeux de l'exploitation de l'eau

Compétences Technologie
- Thématique : Design, créativité (besoin, problème technique, réalisation prototype)
- Thématique : La modélisation (associer des solutions techniques à des fonctions)

doc 3 — L'utilisation des eaux usées à Los Angeles

Alors qu'une sécheresse historique se prolonge en Californie, le recyclage des eaux usées, dédaigneusement surnommé « des toilettes au verre d'eau », gagne du terrain.

La fonte des neiges de la Sierra Nevada, une source majeure d'eau potable dans l'État le plus peuplé du pays, est quasiment réduite à néant. L'eau importée du fleuve Colorado est de plus en plus disputée entre plusieurs États, et donc plus rare.

Dans une étude publiée l'an dernier, M. Tchobanoglous, expert, estimait que, d'ici 2020, les eaux recyclées devraient être à même d'approvisionner le cinquième de la population californienne, qui compte 39 millions d'habitants.

La Nasa, sur sa station spatiale internationale, utilise des équipements spéciaux collectant l'urine et la transpiration des astronautes pour produire de l'eau pour le café ou se brosser les dents.

R. Beck, *La Dépêche*, 29 octobre 2015

doc 4 — L'empreinte eau ou Water Footprint

Pour la production des aliments, des services ou des produits, de grandes quantités d'eau sont nécessaires. L'empreinte eau permet de mesurer ces consommations.

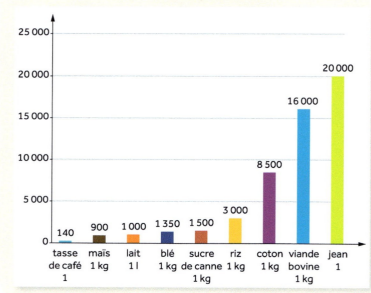

Calcul de l'empreinte eau : tasse de café 1 : 140 ; maïs 1 kg : 900 ; lait 1 l : 1 000 ; blé 1 kg : 1 350 ; sucre de canne 1 kg : 1 500 ; riz 1 kg : 3 000 ; coton 1 kg : 8 500 ; viande bovine 1 kg : 16 000 ; jean 1 : 20 000.

Propositions d'activités

1. Pourquoi l'eau douce est-elle devenue l'une de nos principales préoccupations en matière d'environnement (**docs 1** et **2**) ?

2. Pour combattre la pénurie d'eau, la Californie a fait un choix. Concevez un protocole permettant d'obtenir de l'eau propre à partir d'eau souillée (**doc 3**).

3. Justifiez la valeur de l'empreinte eau pour la production d'un kilo de viande bovine (**doc 4**).

4. Réalisez, sous forme d'une maquette réelle et/ou virtuelle, un système actuel ou innovant de récupération d'eau douce.

5. Au collège, une sensibilisation au problème de l'eau est prévue. Réalisez une charte de la bonne utilisation de l'eau sous forme d'affiches. Cette charte sera accompagnée d'une exposition de vos maquettes sur les systèmes de récupération d'eau douce.

EPI — Information, communication, citoyenneté

Communiquer par écrit

doc 1 — La communication écrite

Un émetteur s'adresse à un destinataire au moyen d'un code et d'un canal.
Un dessin est un exemple de code. Une ligne téléphonique est un exemple de canal.

doc 2 — Les romans épistolaires

Les romans épistolaires ou romans par lettres sont uniquement constitués d'une série de lettres qu'échangent entre eux des personnages.

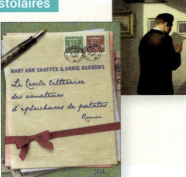

doc 3 — L'écriture des courriers électroniques (méls)

1. Choisir les destinataires : « A … », destinataire principal ; « Cc .. », destinataires secondaires ; « Cci », copie cachée à…, destinataire qui recevra le message mais ne sera pas vu par les autres.
2. Objet : sujet du message, à remplir impérativement.
3. Appellation : Monsieur, Madame ; « Bonjour » est plutôt utilisé pour les personnes connues.
4. Corps du texte : des phrases courtes sans abréviations.
5. Pas de fautes d'orthographe.
6. Pas de points d'exclamation.
7. Conclure le courrier électronique : les formules de politesse sont plus simples que celles utilisées traditionnellement dans les lettres non électroniques.

doc 4 — L'écriture d'une lettre administrative

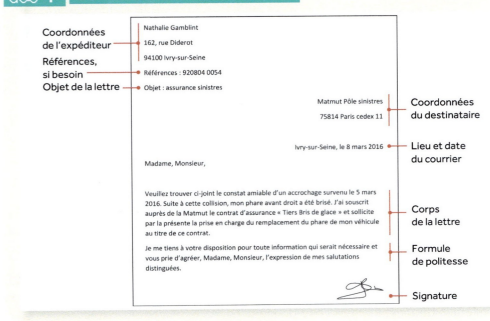

Compétences Français
- Écriture (fonction et formes des écrits, usages des nouveaux supports, stratégies et procédures d'écriture efficaces)

Compétences Enseignement moral et civique
- Le droit et la règle : des principes pour vivre avec les autres

Compétences Technologie
- Thématique : Design, innovation et créativité (organisation de projets)
- Thématique : Les objets techniques, les services et les changements induits dans la société

doc 5 — La loi en matière de courrier électronique

Selon la loi n° 2004-575 du 21 juin 2004 pour la confiance dans l'économie numérique (LEN), on entend par courrier électronique tout message, sous forme de texte, de voix, de son ou d'image, envoyé par un réseau public de communication, stocké sur un serveur du réseau ou dans l'équipement terminal du destinataire, jusqu'à ce que ce dernier le récupère.

Le courrier électronique est astreint par une juridiction particulière.

doc 6 — Les différents métiers au sein d'un journal

Ce que je vois	Le métier associé
Photos	Photographe
Dessins	Illustrateur
Schémas	Graphiste, infographiste
• Textes	• Rédacteurs (journalistes) • Chroniqueur (articles)
• Images • Vidéos	• Caméraman
• Sons	• Preneur de son
Légendes, titraille, chapô, habillage	Secrétaire de rédaction
Couleur, encadrement, disposition, maquette	Maquettiste → webmestre, concepteur
Rubriques	Chef de rubrique
Commentaires des lecteurs	Modérateur

Propositions d'activités

1. Retrouvez les noms des émetteurs et des destinataires concernés dans les ouvrages proposés au **doc 2**. Après avoir identifié les codes et les canaux utilisés, justifiez le choix fait par les auteurs de raconter des histoires sous forme d'un échange de lettres (**docs 1** et **2**).

2. Comparez les méthodes d'écriture des méls et des lettres administratives, et justifiez les différences (**docs 3** et **4**).

3. Recherchez les règles législatives régissant la correspondance privée et les règles de la communication audiovisuelle (**doc 5**).

4. Créez un journal ou un blog :
   – définissez tous les acteurs devant intervenir, ainsi que leur rôle (**doc 6**) ;
   – planifiez les différentes tâches à effectuer avant la mise à disposition des contenus ;
   – prévoyez les différentes rubriques (**docs 3**, **4** et **5**) ;
   – prévoyez les réunions du comité éditorial.

Information, communication, citoyenneté

EPI Sciences, technologie et société

Fabriquer un robot

doc 1 — La robotique au service des hommes

Les robots apparus au XXe siècle sont utilisés dans le monde industriel. Ils remplacent les hommes dans des tâches pénibles. Aujourd'hui, la robotique personnelle et de compagnie se développe. Des robots aident les personnes âgées (exemple : le robot humanoïde Nao équipé du logiciel Zora), facilitent le travail des ouvriers sur les chaînes de production et assistent les militaires. On les appelle des « cobots ».

doc 2 — Le cahier des charges

À l'aide d'un robot, allez chercher une canette (15 cl, 8,3 cm de hauteur et 5 cm de diamètre) placée au centre de l'ellipse, déposez-la sur le tremplin et sortez du terrain, le tout en suivant une piste. Le robot est autonome.

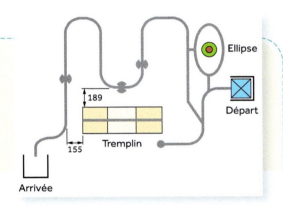

doc 3 — La construction du robot : recherche de solutions

Les robots fonctionnent grâce à un programme. Afin de répondre au mieux à la demande formulée, des capteurs collectent des informations. Il existe une ou plusieurs solutions techniques auxquelles correspond un critère d'exigence (niveau). Chaque solution est testée.

Fonction	Solutions techniques
Parcourir les lieux en évitant les obstacles	Télémètres infrarouges Télémètres ultrasons

Fonction	Parcourir les lieux en évitant les obstacles
Critère	Distance
Niveau	≥ 10 cm
Solution technique	Capteur ultrason
Protocole de vérification	
Explication : déplacer un obstacle de 0 cm jusqu'à 1 m et relever la valeur fournie par le capteur. Prendre des obstacles de diamètre différent.	
Attention ! Certains capteurs retournent des valeurs numériques, d'autres des valeurs analogiques (mesurables par un voltmètre).	

© Éditions Foucher

Compétences Physique Chimie
- L'énergie et ses conversions (circuits électriques simples et lois de l'électricité)
- Des signaux pour observer et communiquer

Compétences Technologie
- Thématique : Design, innovation et créativité (besoin, contraintes, performances, prototype)
- Thématique : La modélisation et la simulation (grandeurs, capteur, codeur, détecteur)
- Thématique : L'informatique et la programmation

doc 4 — L'énergie nécessaire au robot

Tableau comparatif des différentes technologies des piles rechargeables

Type de piles	Prix	Poids	Nombre de cycles de charge	Tension
Plomb, acide, calcium	●○○○	●●●●	180	2.0 V
Plomb, acide, antimoine	●●○○	●●●●	300	2.0 V
Nickel, cadmium	●●○○	●●●○	+ de 500	1.2 V
Nickel, métal hybride	●●●○	●●○○	500	1.2 V
Lithium, ions	●●●●	●○○○	500	3.7 V
Lithium, polymères	●●●●	●○○○	500	3.7 V

doc 5 — La réalisation de l'organigramme du déplacement du robot

L'organigramme de programmation, appelé aussi « algorigramme » ou « logigramme », permet de représenter graphiquement les opérations nécessaires au robot pour exécuter les actions demandées.

Certaines actions sont répétées à différents moments du programme. Aussi, au lieu de réécrire toutes les instructions à chaque utilisation, préfère-t-on écrire un sous-programme qui sera appelé dès que l'on en aura l'utilité.

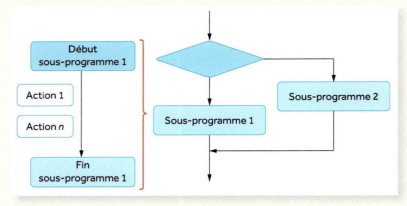

Propositions d'activités

Tout au long de la conception puis de la réalisation du robot, un journal de bord numérique (photos et vidéos) est réalisé.

1. Comparez les actions réalisées par des robots et des cobots (**doc 1**).

2. Quel est l'intérêt d'utiliser un robot humanoïde dans l'aide à la personne (**doc 1**) ?

3. À partir du cahier des charges, recherchez les différentes fonctions nécessaires de votre robot (**doc 2**).

4. Suite à vos recherches, listez les composants nécessaires pour sa réalisation. Testez les solutions trouvées (**docs 2** et **3**).

5. Calculez l'énergie nécessaire pour le bon fonctionnement du robot en tenant compte des choix pour sa réalisation (composants et forme). Choisissez le type de piles le plus adapté (**docs 2** et **4**).

6. Écrivez, testez et exécutez le programme du déplacement de votre robot (**docs 2** et **5**).

EPI — Culture et création artistiques

Créer une œuvre d'art à partir d'objets récupérés

doc 1 — Les objets et l'art

Certains artistes créent des œuvres d'art à partir de matériaux et d'objets de récupération. L'artiste allemand HA Schult (1939-) crée des sculptures, des installations, des happenings à partir d'objets récupérés. Sa renommée est mondiale. Il vit à Cologne en Allemagne.

Exposition Place Clairefontaine, Luxembourg, 2014

doc 2 — Le film *Waste Land* (2010)

Waste Land est un film documentaire. Le réalisateur a filmé l'artiste brésilien Vik Muniz (1961-) pendant trois ans. Ses œuvres sont créées grâce aux déchets recyclables ramassés par les *catadores* (ramasseurs de déchets recyclables) dans la plus grande décharge du monde, située à Rio de Janeiro au Brésil.

Une œuvre de V. Muniz créée avec des petits déchets hétéroclites

doc 3 — Le cycle de vie des objets : l'écoconception

Extraction de matières premières et d'énergie → Fabrication → Transport → Usage → Tri - Fin de vie → Enfouissement / Incinération

Recyclage — Reconditionnement — Réutilisation et revente — Revente

Compétences Arts plastiques
- La matérialité de l'œuvre : l'objet et l'œuvre
- Compétences histoire des arts
- Les arts à l'ère de la consommation de masse (de 1945 à nos jours)

Compétences Technologie
- Thématique : Design, innovation et créativité (organisation projet, créativité)
- Thématique : Les objets techniques, les services et les changements induits dans la société (cycle de vie)
- Thématique : La modélisation (les matériaux, les transformations)

doc 4 — Les familles de matériaux

1. Les métaux (cuivre, or, argent...).
2. Les céramiques (verre, pierre, porcelaine...).
3. Les organiques (bois, cuir, papier...).
4. Les plastiques (polyester, PVC, caoutchouc...).
5. Les composites (association de plusieurs matériaux de famille différente).

doc 5 — Le détournement des objets : l'objet comme matériau

En France, les artistes du mouvement dit « Les nouveaux réalistes », fondé en 1960 et soutenu par le critique d'art Jean Restany, utilisent les objets pour créer une œuvre d'art.

Arman (1928-2005), devant son atelier

Dernière Collaboration avec Yves Klein (1988) par Jean Tinguely (1925-1991)

Propositions d'activités

1. Recherchez quels matériaux les artistes HA Schult et Vik Muniz utilisent-ils pour créer leurs œuvres (**docs 1** et **2**).

2. Comment le film *Waste Land* a-t-il permis d'améliorer la vie des *catadores* (**doc 2**) ?

3. Organisez une collecte d'objets usagés au collège. Triez-les : tout d'abord par famille puis, après démontage – si nécessaire –, par matériaux (**doc 4**).

4. Retrouvez le nom des artistes faisant partie du groupe « Les nouveaux réalistes » (**doc 5**).

5. À partir des objets récupérés, réalisez des créations selon une intention créatrice personnelle (**docs 1**, **2**, **3** et **5**). Chaque création aura un titre ainsi qu'une explication permettant de comprendre les choix adoptés.

EPI — Corps, santé, bien-être

Découvrir les nanomatériaux

doc 1 — La constitution de la matière

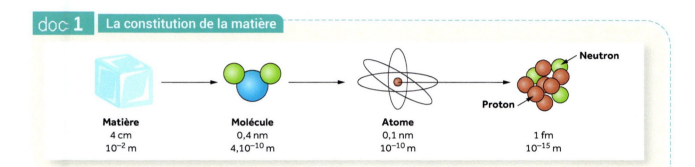

Matière : 4 cm, 10^{-2} m
Molécule : 0,4 nm, $4,10^{-10}$ m
Atome : 0,1 nm, 10^{-10} m
Neutron / Proton : 1 fm, 10^{-15} m

doc 2 — La définition des nanomatériaux

Le préfixe *nano* vient du grec et signifie « très petit ». Les scientifiques l'utilisent comme préfixe dans les unités de mesure pour exprimer le milliardième de mètre (10^{-9} mètre, noté nm). Les particules de taille nanométrique peuvent être d'origine naturelle (pollens, poussières volcaniques...), d'origine humaine (fumées, ponçage...) ou manufacturées, afin d'exploiter leurs propriétés (nanotubes de carbone, dioxyde de titane, silicium...). Dans ce dernier cas, on parle de « nanotechnologie ». Un nanomatériau est un matériau (sous forme de poudre, aérosol ou quasi-gaz, suspension liquide, gel) possédant des propriétés particulières en raison de sa taille et de sa structure nanométrique.

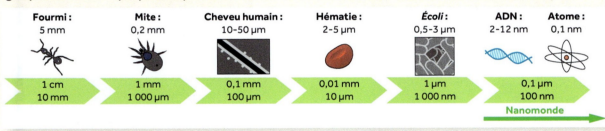

	Fourmi : 5 mm	Mite : 0,2 mm	Cheveu humain : 10-50 µm	Hématie : 2-5 µm	Écoli : 0,5-3 µm	ADN : 2-12 nm	Atome : 0,1 nm
	1 cm / 10 mm	1 mm / 1 000 µm	0,1 mm / 100 µm	0,01 mm / 10 µm	1 µm / 1 000 nm	0,1 µm / 100 nm	

Nanomonde →

doc 3 — L'utilisation des nanomatériaux

Secteurs d'activité	Exemples d'applications
Automobile, aéronautique et aérospatial	Matériaux, peintures, détecteurs, pneumatiques
Électronique et communications	Processeurs, cellules solaires, ordinateurs, technologies sans fil, écrans plats
Agroalimentaire	Emballages, additifs : colorants, antiagglomérants, émulsifiants
Chimie et matériaux	Pigments, textiles et revêtements antibactériens et ultra résistants
Construction	Ciments autonettoyants et antipollution, vitrages autonettoyants
Pharmacie et santé	Médicaments, surfaces biocompatibles, vaccins oraux, imagerie médicale
Cosmétique	Crèmes solaires, pâtes dentifrices abrasives, maquillage
Énergie	Cellules photovoltaïques, batteries, matériaux isolants
Environnement et écologie	Production d'eau ultra pure à partir d'eau de mer, pesticides et fertilisants
Défense	Détecteurs d'agents chimiques et biologiques, systèmes de surveillance

- **Compétences Physique Chimie**
  - Organisation et transformations de la matière (constitution, organisation)
- **Compétences Sciences de la vie et de la terre**
  - L'environnement et l'action humaine
  - Le corps humain et la santé
- **Compétences Technologie**
  - Thématique : Les objets techniques, les services et les changements induits dans la société

doc 4 — L'absorption des nanomatériaux par notre organisme

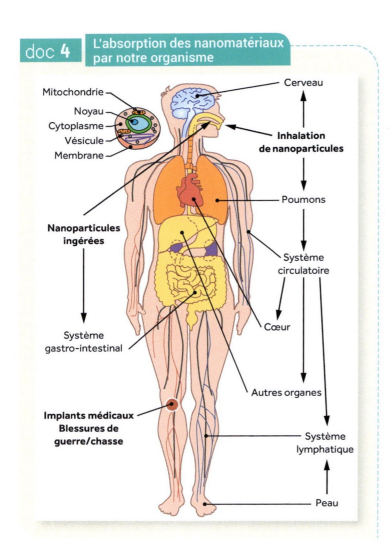

doc 5 — Le repérage des nanomatériaux

Les nanoparticules de **dioxyde de titane** (additif alimentaire E171) servent :
– de pigment blanc (aliments plus blancs) ou pour obtenir une plus grande palette de couleurs (mélanger par exemple du E171 avec un colorant rouge pour un glaçage rose sur des pâtisseries) ;
– de vernis transparent pour rendre un produit plus brillant.

Les nanoparticules de **dioxyde de silice** (SiO_2, additif E550/551) sont utilisées comme anti-agglomérants (empêcher l'agglomération des grains de sel ou de sucre).

Nanoparticule de dioxyde de titane au microscope électronique

Propositions d'activités

1. Comparez les dimensions des nanoparticules à la molécule d'eau (**docs 1** et **2**).
2. Choisissez un objet parmi les exemples d'utilisation des nanomatériaux. Comparez et commentez son évolution en fonction des matériaux et nanomatériaux qui le constituent (**doc 3**).
3. Recherchez et justifiez les maladies pouvant être occasionnées par la pénétration de nanomatériaux dans le système digestif (**doc 4**).
4. Recherchez des étiquetages de produits alimentaires contenant les additifs E171, E550/551. Justifiez leur utilisation (**doc 5**).
5. Réalisez des panneaux d'affichage pour une exposition sur le thème des nanomatériaux (explication, évolution d'objets, précautions liées à leur utilisation).

Schéma du cycle de vie d'un objet technique

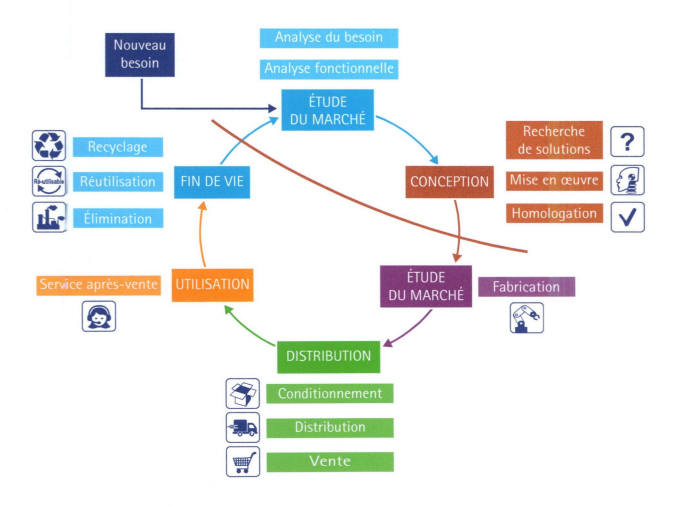

Modes de représentation

Les différents modes de représentation

Le croquis

Dessin d'architecture d'intérieur

Le croquis est un mode de représentation réalisée à main levée. Il est généralement fait rapidement, au crayon et sans légende.

Le schéma

Deux types de schéma existent :
– le schéma de fonctionnement : il décrit le fonctionnement d'un objet ;

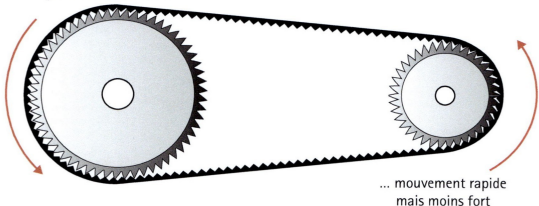

Schéma de fonctionnement d'un multiplicateur

– le schéma légendé : il indique les différents éléments d'un objet technique par des flèches.

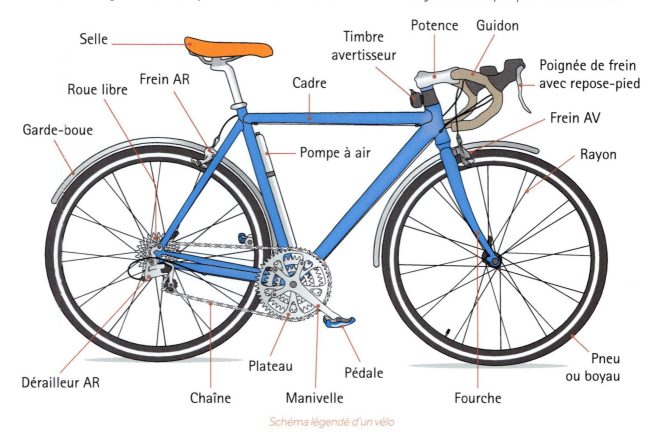

Schéma légendé d'un vélo

La représentation en perspective (en 3D)

La représentation en perspective consiste à représenter un objet en trois dimensions (3D) sur une surface, en tenant compte de l'éloignement et de la position par rapport à l'observateur.

Il est possible de la faire à la main en respectant quelques règles de géométrie, par exemple la perspective cavalière.

Elle est désormais réalisée avec des logiciels de modélisation.

Représentation en perspective d'une maison

La vue éclatée

La vue éclatée représente toutes les pièces d'un objet technique en les dissociant les unes des autres.

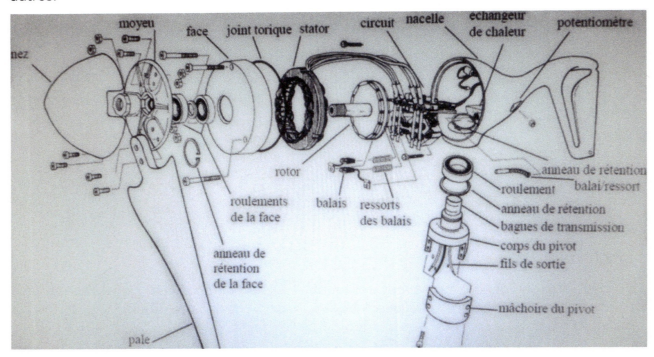

Vue éclatée du rotor d'une éolienne

Le dessin par projection (en 2D)

Le dessin par projection représente plusieurs vues en deux dimensions (2D) d'un objet technique. Il s'agit de la vue de face, de la vue de dessus, de la vue de dessous, de la vue de droite et de la vue de gauche.

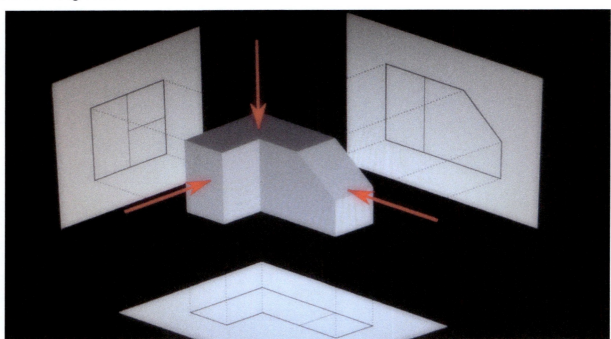

Modélisation et simulation

CAO

L'acronyme CAO signifie « conception assistée par ordinateur ». C'est une technique de dessin réalisée avec un ordinateur.

Logiciel Sweethome 3D

Logiciel solidworks

Exemples de logiciels de CAO

Modélisation numérique

La modélisation numérique est la représentation virtuelle d'un objet technique. Elle est réalisée en vue de valider des éléments de solutions que l'on a imaginés ou étudiés au préalable. Un modèle numérique est conçu à l'aide d'un logiciel de CAO.

Modèle blender

Modèle Edrawing

Modèle Googlesketchup

Modèles numériques sous différents logiciels

Simulation

La simulation est une représentation physique (maquette) ou virtuelle (modèle numérique) du comportement d'un système ou d'un objet technique. La mise en œuvre de cette représentation permet de vérifier la validité d'un projet. Elle effectue aussi l'acquisition d'informations (temps, forces, courants, dimensions).

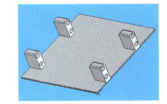

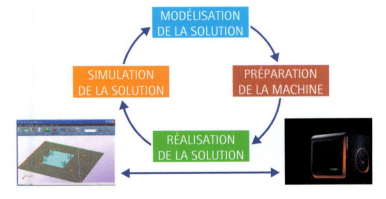

Le logiciel UP permet de préparer la machine. Ensuite, l'imprimante 3D réalise la solution

Réalisation d'un châssis de robot avec une imprimante 3D

Caractéristiques des matériaux

Caractéristiques		Exemples de protocole de mesure		Familles de matériaux			
				Métaux	Plastiques	Organiques	Céramiques
Propriétés physiques	Conductivité thermique	Mesurer la température des deux parois du matériau, dont l'une est à proximité d'une source chaude	Conducteurs thermiques	Tous les métaux : fer, acier, cuivre, aluminium	Aucun	Aucun	Résistent aux fortes températures. Brique
			Isolants thermiques	Aucun	Polystyrène, polyuréthane	Liège, laine de mouton, papier	Selon épaisseur : granit
	Conductivité électrique	À l'aide d'un multi-mètre en position « Test de conductivité » ou en câblant en série l'échantillon avec une lampe et des piles	Conducteurs électriques	Tous les métaux : fer, acier, cuivre, aluminium	Aucun	Aucun	Aucun
			Isolants électriques	Aucun	PVC, polyuréthane, polystyrène	Acajou, chêne, papier	Brique, verre
	Magnétisme	À l'aide d'un aimant	Magnétique	Fer, acier	Aucun	Aucun	Aucun
			A-magnétique	Aluminium, cuivre	Tous	Tous	Tous
Propriétés mécaniques	Résistance aux chocs	À l'aide d'un poinçon	Résistant aux chocs	Tous métaux	Polyuréthane	Acajou	Granit, diamant
			Non résistant aux chocs		Polystyrène	Liège	Verre
	Usinabilité	Découpage, perçage, surfaçage	Facilement usinable	Étain	Thermoplastiques	Presque tous	
			Difficilement usinable	Acier, fer	Thermodurcissables	Aucun	Tous
Impact sur l'environnement				Construction de carrières. Importation de certaines matières depuis l'étranger	Utilisation de certaines ressources limitées sur terre (pétrole, gaz…). Recours à des procédés chimiques de fabrication	Déforestation. Importation de certains bois depuis l'étranger	Aucun

Chaîne d'information et chaîne d'énergie

Chaîne d'information

La chaîne d'information est un ensemble de blocs fonctionnels. Elle permet de traiter les différentes informations provenant d'un système ou d'un objet technique.

ACQUÉRIR → **TRAITER** → **COMMUNIQUER**

- Recevoir les différentes informations des préactionneurs (capteurs et détecteurs).
- Traiter les informations provenant des préactionneurs.
- Envoyer les ordres que doivent réaliser les actionneurs (gyrophare, moteur, sirène).

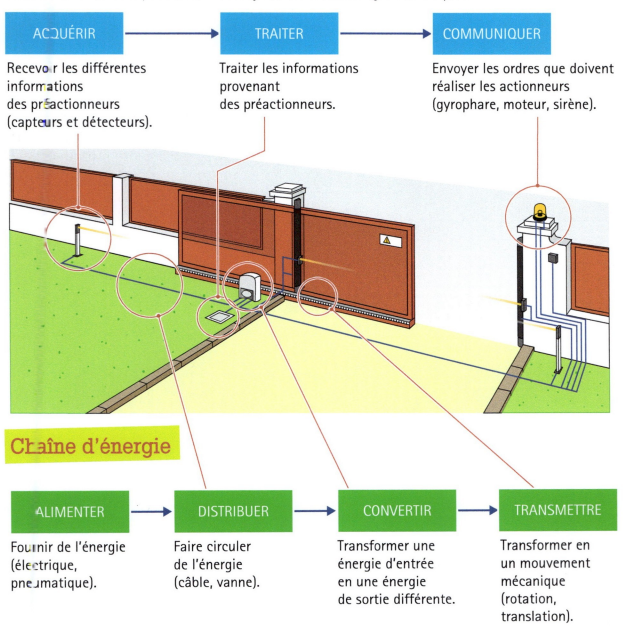

Chaîne d'énergie

ALIMENTER → **DISTRIBUER** → **CONVERTIR** → **TRANSMETTRE**

- Fournir de l'énergie (électrique, pneumatique).
- Faire circuler de l'énergie (câble, vanne).
- Transformer une énergie d'entrée en une énergie de sortie différente.
- Transformer en un mouvement mécanique (rotation, translation).

La chaîne d'énergie est un ensemble de blocs fonctionnels. Elle permet de faire circuler l'énergie afin de faire fonctionner un système ou un objet technique.

Capteurs

Modes de dispositifs d'acquisition de données

Les dispositifs d'acquisition de données sont appelés « capteurs ». Ils peuvent capter des signaux de plusieurs types : luminosité, obstacle, vitesse du vent, pression, humidité…
Il existe divers capteurs qui utilisent différents types de transmission de données.

Capteur de passage ou capteur infrarouge

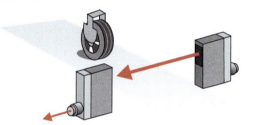

Il se compose d'un émetteur qui émet un faisceau lumineux (infrarouge) en direction d'un récepteur. Le faisceau est interrompu au passage d'un obstacle.

Sans obstacle

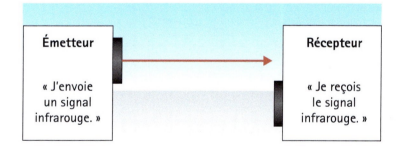

Avec obstacle

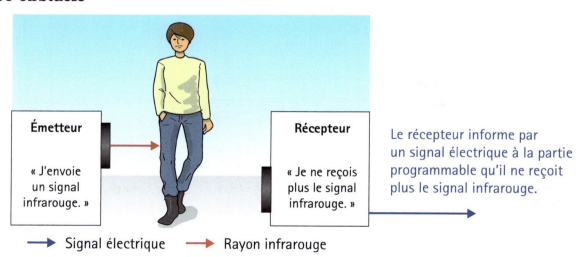

Le récepteur informe par un signal électrique à la partie programmable qu'il ne reçoit plus le signal infrarouge.

→ Signal électrique   → Rayon infrarouge

Capteur de contact

Également appelé « capteur de position », le capteur de contact se déclenche lorsqu'un objet est en contact physique avec le capteur.

Symbole d'un interrupteur ouvert

Symbole d'un interrupteur fermé

Il agit comme un interrupteur :
– ouvert, il ne laisse pas passer le courant électrique ;
– fermé, il laisse passer le courant électrique.
Il est souvent utilisé pour connaître la position d'une porte, d'un portail…

Fonctionnement d'un capteur de contact

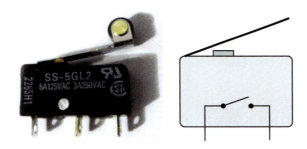

Il n'y a aucun objet en contact avec le capteur

L'interrupteur est ouvert. Il ne laisse pas passer le courant. Aucune donnée ne peut être envoyée.

Il y a un objet (porte, portail…) en contact avec le capteur

L'interrupteur est fermé. Les données sont envoyées vers la partie programmable grâce au passage du courant électrique.

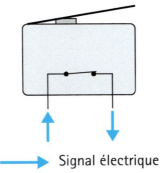

→ Signal électrique

Capteur de position à lames souples

Un capteur de position à lames souples agit également comme un interrupteur. On l'appelle aussi « ILS (interrupteur à lames souples) ». Il capte la proximité d'un aimant.

Il est composé de deux lames souples qui ne se touchent pas (interrupteur ouvert) dans une bulle de verre. Lorsqu'un aimant passe suffisamment près, les deux lames se rapprochent et finissent par se toucher (interrupteur fermé). Les informations peuvent être transmises grâce au passage du courant électrique.

Fonctionnement d'un ILS

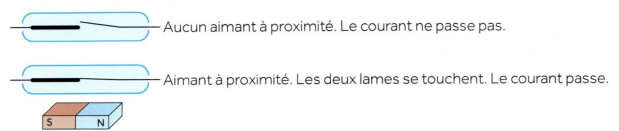

— Aucun aimant à proximité. Le courant ne passe pas.

— Aimant à proximité. Les deux lames se touchent. Le courant passe.

Capteur de luminosité

Il capte la luminosité et fonctionne avec une photorésistance (résistance qui change de valeur en fonction de la luminosité).

Capteur de présence ultrasonique

Il utilise l'ultrason. Un émetteur envoie une onde ultrason (non perceptible à l'oreille humaine) qui rebondit sur un obstacle. Le récepteur reçoit le signal « rebondi » et calcule la distance parcourue par l'onde. Lorsqu'un objet est trop près, le son rebondit sur l'objet. La distance parcourue par l'onde est alors trop courte et le récepteur se déclenche.

Les systèmes anti-intrusion utilisent des capteurs à ultrasons.

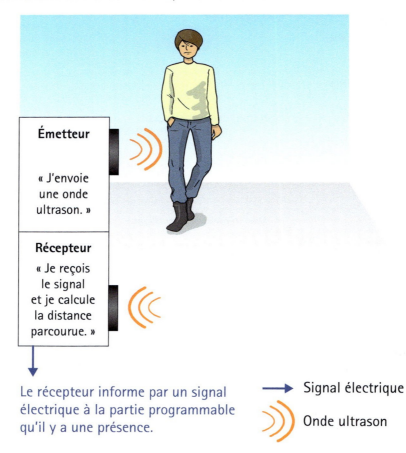

Le récepteur informe par un signal électrique à la partie programmable qu'il y a une présence.

→ Signal électrique

))) Onde ultrason

Le langage SysML

Définition

Le SysML ou *Systems Modeling Language* est un langage de modélisation graphique au service de l'ingénierie système. Grâce à une écriture standardisée, il permet de représenter et de communiquer, à plusieurs niveaux, les divers aspects d'un système.

Six diagrammes, trois points de vue

Le SysML s'articule sur neuf diagrammes dont les six listés dans le schéma ci-dessous sont les plus utilisés. Ils sont classés en trois catégories ou points de vue et peuvent être traités et présentés séparément.

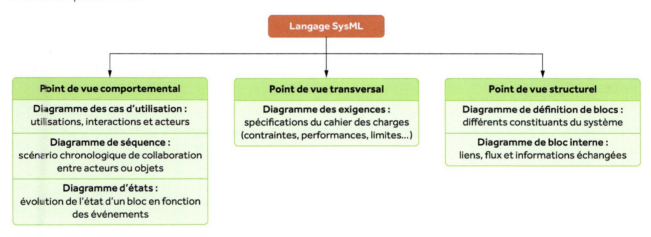

Exemple de diagramme des cas d'utilisation *(Use Case)*

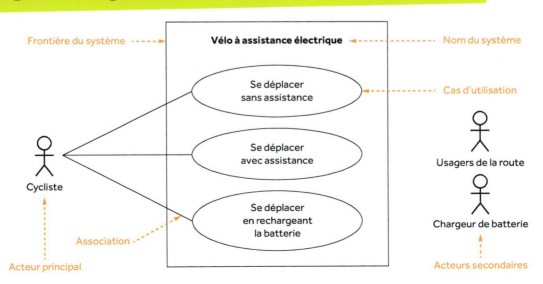

Repères pour l'évolution des objets

Le progrès technique

Les techniques servent à produire des objets, à améliorer les conditions de travail et à faciliter la vie quotidienne. Elles sont devenues de plus en plus complexes et efficaces. Leur perfectionnement constitue le « progrès technique ».

L'invention et l'innovation : le téléphone

FRANCE	ALLEMAGNE	ÉTATS-UNIS		
C. Bourseul	P. Reis	A. Meucci	E. Gray	A. G. Bell
1854 Explique comment transmettre le son par l'électricité.	1861 Crée un appareil qui peut transmettre du son.	1849 Imagine les bases du téléphone. Crée un prototype.	1876 Met au point et dépose un brevet provisoire.	1876 Met au point et dépose le brevet définitif.

A.G. Bell transforme une invention en une innovation : il dépose le brevet et réunit les fonds pour industrialiser la production. Le produit rencontre l'adhésion du public.

L'innovation : le bateau à vapeur

Lorsque l'utilisation de la vapeur a semblé possible, on a équipé les bateaux de machines à vapeur, tout en gardant les mâts et les voiles. La navigation à voile restait majoritaire et l'on ne recourait à la vapeur que lorsqu'il n'y avait pas de vent. Puis des progrès ont été apportés aux machines à vapeur et ce mode de propulsion a été utilisé pour toute la durée des traversées, les mâts et les voiles étant conservés comme force d'appoint. Une fois la fiabilité et l'efficacité de la propulsion à vapeur prouvées, les mâts et les voiles ont été supprimés.

Inventions au XIXᵉ siècle : les révolutions industrielles

- Procédés, matériaux et composants
- Automatisme, informatique, robotique
- Communication
- Transports
- Divers
- Internet

L'industrie prend son essor et les techniques l'accompagnent. Procédés de fabrication, matériaux, et moyens de transport se développent également, ainsi que les moyens de communication.

- **1895/Diesel** Moteur du même nom
- **1891/Choukhov** Craquage thermique du pétrole
- **1886/Hall et Héroult** Procédé de production de l'aluminium
- **1884/Chardonnet et Delubac** Viscose
- **1884/Parsons** Turbine à vapeur
- **1876/Otto** Moteur à 4 temps
- **1859/Lenoir** Moteur à combustion interne
- **1856/Hyatt** Celluloïd, plastique artificiel
- **1856/Bessemer** Procédé de production de l'acier
- **1855/Lambot** Béton armé
- **1839/Goodyear** Procédé de vulcanisation, exploitation industrielle du caoutchouc
- **1836/Dubus-Bonnel** Fibre de verre
- **1834/Babbage** Machine à calculer programmable (plan)
- **1321/Faraday** Moteur électrique
- **1810/Appert** Procédé de conservation des aliments par chauffage
- **1801/Jacquard** Métier à tisser automatisé
- **1801/Macadam** Technique d'empierrement pour les routes

- **1895-1897/Marconi** Télégraphe sans fil
- **1895/Les frères Lumière** Cinématographe
- **1894/Michelin** Pneu à chambre à air
- **1891/Reno** Escalator
- **1890/Ader** Éole, premier avion (plus lourd que l'air)
- **1888/Kodak** Appareil photo à pellicule
- **1886/Daimler** Calèche à moteur à explosion
- **1881/Trouvé** Voiture électrique
- **1879/Edison** Ampoule électrique à incandescence
- **1877 Cros et Edison** Phonographe
- **1876/Bell** Téléphone
- **1873/Bollée** Voiture à moteur à vapeur
- **1861/Michaux** Vélocipède
- **1853/Otis** Ascenseur avec système de freinage
- **1852/Giffard** Dirigeable souple
- **1843/Thurber** Machine à écrire
- **1837/Morse** Système de télégraphe électrique utilisant un code qui porte son nom
- **1829-1830/Stephenson** Locomotive pour le transport de voyageurs, *The Rocket* (« la fusée »)
- **1816/von Drais** Draisienne
- **1816-1822/Niepce** Photographie
- **1807/Fulton** Bateau à vapeur
- **1800/Volta** Pile électrique
- **1800/Fulton** Sous-marin appelé *Nautilus*

Inventions au XXe siècle : la technologie

Les sciences et la technique sont étroitement liées : essor des matériaux plastiques, grâce à la chimie ; apparition de nouveaux domaines techniques : informatique, robotique et réseau Internet.

- 2002/Niel Box Internet
- 2001/Kamen Gyroscope
- 1994/Filo et Yang Portail Internet
- 1993/GPS
- 1992/IBM Smartphone
- 1990/Berners-Lee World Wide Web (WWW)
- 1990/Emtage Moteur de recherche
- 1989/Oikarinen Messagerie instantanée
- 1989/Samsung Tablette tactile
- 1988/Crump Imprimante 3D
- 1986/Dickmanns Voiture sans chauffeur
- 1985/Kwoh Robot chirurgical
- 1982/Philips et Sony Compact Disc (CD)
- 1981/Osborne Ordinateur portable
- 1977/Pavel Baladeur
- 1980/Gates MS-DOS, système d'exploitation
- 1975/Sasson Appareil photo numérique
- 1974/Moreno Carte à puce
- 1974/Boucher Avion solaire
- 1973/Cooper Téléphone portable
- 1974/Wouk Voiture hybride
- 1973/Walton Radio identification RFID
- 1972/Gernelle Micro-ordinateur
- 1971/Busicom Calculatrice de poche
- 1971/Bézier Fabrication assistée par ordinateur
- 1971/Tomlinson Courriel Internet
- 1969/Cerf Internet
- 1969/ Avion civil supersonique *Concorde*
- 1968/Hoff Microprocesseur
- 1968/Baer Console de jeux vidéo
- 1965/General Electric Exosquelette motorisé
- 1965/Kwolek Kevlar
- 1961/Devol Robot industriel
- 1961/Shindo Fibre de carbone
- 1958/Noyce Circuit intégré
- 1958/Schawlow Rayon laser
- 1957/Cray Super ordinateur
- 1957/Korolev Satellite artificiel, *Spoutnik*
- 1956/Poniatoff Magnétoscope
- 1948/Walter Robot électronique autonome
- 1948/Bardeen, Brattain, Shockley Transistor
- 1949/De Haviland Avion à réaction commercial
- 1947/Land Appareil photo à développement instantané
- 1944-1946/Université de Pennsylvanie ENIAC, premier ordinateur électronique
- 1938/Gross Talkie-walkie
- 1937/Whittle Moteur à réaction
- 1936/Castan ET Greenlee Résine époxy
- 1935/Watson-Watt Radar
- 1935/AEG Magnétophone
- 1935/Carothers Nylon, plastique synthétique
- 1929/Birdseye Procédé de la congélation des aliments
- 1928/Freyssinet Béton précontraint
- 1926/Baird Télévision
- 1916/Brearley Acier inoxydable
- 1907/Baekeland Bakélite, plastique thermodurcissable
- 1903-1904/Les frères Wright Vol propulsé en ligne droite puis en virage sur un avion biplan
- 1900/Von Zeppelin Dirigeable rigide motorisé

Glossaire

Actionneur
Élément d'un système automatisé, qui produit une action selon les ordres de la partie commande.

Algorigramme ou logigramme
Représentation graphique d'un algorithme. Pour la construire, on utilise des symboles normalisés.

Algorithme
Base de la structure d'un programme.

Biomimétisme
Du grec *bios*, « vie », et *mimésis*, « imitation ». Le biomimétisme observe et s'inspire de la nature pour produire des applications respectueuses de l'environnement.

Bus
Ensemble de conducteurs électriques, qui achemine des informations.

Cahier des charges (CDC)
Document qui doit être respecté lors de la réalisation d'un projet. Le cahier des charges simplifié se résume à un tableau comportant quatre colonnes :
- les repères associés à chaque fonction de service (FPi pour Fonction Principale et FCi pour Fonction Contrainte) ;
- la définition, sous forme de phrase, de chaque fonction ;
- les critères associés à chacune d'elles ;
- les niveaux permettant de préciser les critères.

Capteur
Élément d'un système automatisé, qui prélève une information (position, température, éclairement...) et envoie un signal exploité par la partie commande.

Chaîne d'énergie
Ensemble des fonctions (Alimenter, Distribuer, Convertir, Transmettre) qui permettent à l'objet technique de produire une action.

Chaîne d'information
À partir de données, les fonctions – Acquérir, Traiter, Communiquer – permettent d'envoyer des ordres à la chaîne d'énergie.

Conductibilité
Propriété qu'ont les matériaux de propager la température ou l'électricité.

Contrainte
Limites imposées par le cahier des charges lors de la conception d'un objet technique.

Critère d'appréciation
Caractéristique observable et mesurable permettant de porter un jugement sur une fonction de service ou une fonction technique.

Détecteur
Appareil servant à déceler la présence de quelque chose (détecteur de présence...), la manifestation d'un phénomène (température, luminosité...).

Développement durable
Développement qui répond aux besoins du présent sans compromettre la capacité des générations futures à répondre aux leurs. Appliqué à l'économie, il intègre trois dimensions : économique (efficacité, rentabilité), sociale (responsabilité sociale) et environnementale (impact sur l'environnement) [Ademe].

Domotique
Ensemble des systèmes électroniques, informatiques et de télécommunication

utilisé dans une maison pour assurer des fonctions de sécurité, de confort, de gestion d'énergie et de communication.

Énergie renouvelable
Source d'énergie se renouvelant assez rapidement pour être considérée comme inépuisable à l'échelle humaine de temps. Les énergies renouvelables sont issues de phénomènes naturels réguliers ou constants provoqués par les astres, principalement le soleil (rayonnement), mais aussi la lune (marée) et la terre (énergie géothermique).

Ergonomie
Discipline qui a pour but d'adapter des objets ou ensembles d'objets à leur utilisateur.

Flux
Déplacement de matière, de pièces, de personnes et d'informations.

Innovation
L'un des principaux moyens pour acquérir un avantage compétitif en répondant aux besoins du marché. *Innover*, c'est créer de nouveaux produits.

Interface
Dispositif qui permet des échanges et des interactions entre les éléments d'un ou de plusieurs systèmes.

Maquette
La maquette d'architecture est un simple modèle à échelle réduite d'un bâtiment ou d'un groupe de bâtiments.
La maquette de structure peut reproduire à échelle réduite le comportement de la structure et permettre de valider des solutions techniques.

Modèle
Représentation théorique d'un système d'éléments et de relations plus ou moins complexes. Un modèle numérique est la représentation en 3 D d'un objet technique ou d'une pièce réalisée à l'aide d'un logiciel.

Modéliser
Désigne le fait de présenter de manière théorique un système d'éléments et de relations plus ou moins complexes.

Onde porteuse
Onde émise par un émetteur et qui transporte des informations vers un récepteur.

Partie opérative
Partie d'un système automatisé, qui est composée des actionneurs et des capteurs.

Planification
Document qui organise un ensemble d'activités ou de tâches à accomplir dans le temps.

Processus de réalisation
Désigne la succession ordonnée des tâches à effectuer pour réaliser un objet technique.

Projet
Un projet est défini et mis en œuvre pour élaborer une réponse au besoin d'un client ou d'une clientèle. Il implique un objectif et des actions à entreprendre avec des ressources données (norme X 50-105 de l'Afnor).

Propriétés physiques
Ensemble des propriétés mécaniques (dureté, rigidité...), thermiques (rapport à la chaleur), électriques (isolant, conducteur) et phoniques (rapport au son), d'un matériau ou d'une structure.

Protocole
Ensemble de règles et de codes utilisés pour permettre la communication entre deux équipements reliés.

Recyclage
Ensemble des opérations visant à valoriser des déchets (objets, matériaux...), à les réutiliser tels quels ou à les réintroduire dans le cycle de production dont ils sont issus.

Représentation fonctionnelle
Représentation graphique, à l'aide de blocs fonctionnels, du rôle des différents éléments d'un ensemble ou d'un sous-ensemble.

Solution technique
C'est l'élément ou l'ensemble des éléments qui réalisent une fonction. Exemple : un frein, un pont, une lampe.

Source d'énergie
Élément naturel à partir duquel il est possible de produire de l'énergie (vent, soleil, eau, pétrole...).

Valorisation
Action de donner de la valeur à quelque chose. On valorise les déchets lorsqu'en les recyclant, on produit un matériau qui sera réutilisé et aura ainsi une valeur marchande.

Veille technologique
Ensemble des techniques visant à collecter, analyser, diffuser et exploiter des informations scientifiques, techniques, industrielles ou commerciales, utiles à la croissance et au développement des entreprises. La veille technologique permet de détecter les opportunités de développement et de devancer les innovations technologiques.

Crédits photographiques

p. 8-9 ph© Cern
p. 10 ph© Sebastien Ortola/Rea (reprise p.12)
p. 11 haut © www.move-itproducts.com
p. 11 bas © Rolf Dish SolarArchitektur
p. 13 © www.mobilier-carton-sur-mesure.com
p. 14 haut © Rolf Dish SolarArchitektur
p. 14 milieu © Idénergie
p. 14 bas © Eolie – eolie-energie.fr
p. 17 source SCARAB – Designer Olga Kalugina
p. 18 © www.agelios.com – Guillaume Kuntz
p. 19 haut ph© P. Astier
p. 19 bas ©Minecraft
p. 20 ph© P. Astier
p. 21 ph© Marie-Hélène Clam/Photopqr/Le Télégramme/MAXPPP
p. 22 ph© P. Astier
p. 23 © Minecraft
p. 25 ph© P. Astier
p. 26 © Balight – MakerScope Technology Co
p. 27 haut source Designer : Xuefei Liu, Di Fang, Linhao Su, Zhanbing Li, Xiaoyu Gao Xueyi Wang, Wen Fan, Liying Zhu, Deqian Zhao, Huan Li, Mengmeng Hu and Weiwei Li of Dalian Nationalities University
p. 27 bas ph© Mark Baker/Reuters
p. 28 haut © Balight – MakerScope Technology Co
p. 28 bas g. © Balight – MakerScope Technology Co
p. 28 bas d. source Nature & Découvertes
p. 29 haut source Designer : Xuefei Liu, Di Fang, Linhao Su, Zhanbing Li, Xiaoyu Gao Xueyi Wang, Wen Fan, Liying Zhu, Deqian Zhao, Huan Li, Mengmeng Hu and Weiwei Li of Dalian Nationalities University
p. 29 milieu © Citroën
p. 29 bas © unchartedplay.com
p. 30 © Boag Master STBD
p. 33 © InStepNanoPower
p. 34 © Kiost
p. 35 haut © SkyTran – Designer Douglas Malewicki
p. 35 bas © Toyota
p. 36 haut ph© Matton
p. 36 bas © Kiost
p. 38 ph© David Dewhurst
p. 41 © Heatherwick Studio
p. 42 © Solar Impulse
p. 43 haut © EDF
p. 43 bas © web-monetique.fr
p. 44 © Solar Impulse
p. 45 © EDF
p. 46, 47, 49 ph© Q. Le Gall et V. Legros
p. 51-52 ph© TPG/Zuma/Rea
p. 52 ph© Photo12/Gilles Rivet
p. 53 haut ph© Lebrecht/Lebrecht Music & Arts/Corbis
p. 53 bas source Wikipedia
p. 54 gauche ph© Costa/Leemage
p. 54 droite ph© Photo12/Alamy
p. 54 bas ph© Photo12/Alamy
p. 55 haut g. ph© SSPL/Leemage
p. 55 haut d. ph© Photo12/Alamy
p. 55 bas ph© Photo12/Alamy
p. 56 haut ph© bridgemanart.com
p. 56 bas ph© bridgemanart.com
p. 57 haut source Wikipedia
p. 57 bas source Wikipedia
p. 60-61 ph© H. Dibesse
p. 62 haut g. ph© Bettmann/Corbis
p. 62 haut d. © Resonnance
p. 62 milieu ph© Intel
p. 62 bas d. ph© SSPL/Getty Images
p. 68 gauche © Motorola
p. 68 droit © Samsung
p. 71 ph© Adam Hester/Blend Images/Photononstop
p. 75 gauche © Grid Systems
p. 75 bas © Archos
p. 76 ph© Toshiyuki Aizawa/Reuters
p. 77 haut ph© Bobby Yip/Reuters
p. 77 bas source CITEC – uni-bielefeld.de
p. 78 source Wikipedia
p. 79 source Wikipedia
p. 80 ph© Getty Images
p. 81 source CITEC – uni-bielefeld.de
p. 83 © Aldebaran
p. 84-85 ph© Henrik5000/Getty Images
p. 86 ph© Jean-Pierre Muller/AFP
p. 87 haut © Co-Reaching International Co., Ltd.
p. 87 bas © Ring.com
p. 88 ph© Jean-Pierre Muller/AFP
p. 90 © Ring.com
p. 91 © Ring.com
p. 93 © Evolve Skateboards USA.
p. 94 © Metalgrass software
p. 95 © eksobionics.com
p. 96 © Metalgrass software
p. 97 haut © Hitoshi Yamada/Andia.fr
p. 97 bas © Robot Suit Hal® Cyberdine

p. 98 haut ph© Matton
p. 101 haut ph© Quittemelle/Colorise
p. 102 © Babolat
p. 103 haut © Thomsonbox
p. 103 bas © Thermoslate® Cupa Goup
p. 106 © Thermoslate® Cupa Goup
p. 108 © Babolat
p.109 © Smart Sensing
p. 110 © Ninebot France
p. 111 haut © LG
p. 111 bas ©Touch Bionics Inc. and Touch Bionics Limited.
p. 112 Haut ph © Q. Le Gall
p. 112 © Ninebot France
p. 113 gauche © LG
p. 114 droite ©Touch Bionics Inc. and Touch Bionics Limited.
p.114-115 ph © Q. Le Gall
p. 117 © Smartflower TM
p. 118 © Autodesk, Inc
p. 119 haut © Save Innovations
p. 119 bas © SolidWorks
p. 120 © Autodesk, Inc
p. 121 © Save Innovations
p. 122 haut g. ph© Mauritius/Photononstop
p. 122 haut d. Ph ©J-C.&D. Pratt/Photononstop
p. 122 milieu d. © SolidWorks
p. 122 bas g. © SolidWorks
p. 123 © SolidWorks
p. 124 ©SolidWorks
p. 125 © « structure hamacs créée en 2009 » « conception – construction – Benjamin Henry » www.madneom.com
p. 126-127 ph© Jon Feingersh : Getty Images

p.128 ph© V. Legros
p. 129 haut ph© Matton
p. 129, 132, ph© V. Legros
p. 133 ph© Matton
p. 135 ph© V. Legros
p. 136 à 141 ph© Q. Le Gall
p. 143 ph© Minstrom et Q. Le Gall
p. 144 à 146 ph© C. Ménard
p. 147 © Roomba
148-149 ph© C. Ménard
p. 151 haut d. ph© Gilles Rolle/REA
p. 152 à 159 ph© C. Ménard
p. 160 haut ph© Electa/Leemage
p. 160 milieu © www.roots-up.org
p. 160 bas © D. Lescar
p. 161 haut ph© Getty Images
p. 161 milieu © Bibigloo Bibi/photo Darren Chin
p.161 bas ph© Westend61/Photononstop
p.162 gauche ph© Peter_Stewart
p.162 droite ph© H. Dessales
p. 170 haut ph© Rene Spalek/Bilderberg/Photononstop © Adagp Paris 2016
p.170 bas ph© Collection Christophel © Almega Projects, O2 Filmes © Adagp Paris 2016
p.171 gauche ph© Micheline Pelletier/Sygma/Corbis © Adagp Paris 2016
p.171 droite ph© Corbis © Adagp Paris 2016
p. 173 ph © David McCarthy/SPL/Cosmos
p.178 ph © Q. Le Gall
p. 182 ph. © V. Legros et Q. Le Gall
p.185 ph © Musée national de la Marine de Port-Louis

Conception maquette : Florian Hue

Mise en page : STDI

Infographies : STDI

Iconographie : Sophie Suberbère

Paris - SB-LDF/EG

Achevé d'imprimer en France par Dupli-Print à Domont (95)

N° d'impression : 2017091211 - Dépôt légal n° 13229-4/02 – Septembre 2017